数字突围

私域流量的用户
数字化运营体系构建

程大刚　边亚南◎著

人民邮电出版社
北　京

图书在版编目（CIP）数据

数字突围：私域流量的用户数字化运营体系构建 / 程大刚，边亚南著. -- 北京：人民邮电出版社，2020.12
ISBN 978-7-115-54938-9

Ⅰ. ①数… Ⅱ. ①程… ②边… Ⅲ. ①数字技术－应用－企业管理－研究 Ⅳ. ①F272.7

中国版本图书馆CIP数据核字(2020)第184149号

内 容 提 要

企业的数字化运营已经越来越受到社会各行各业的广泛关注。数字化运营旨在借助数字技术为企业产品、业务和商业模式创新"赋能"，以更低的成本、更高的效率为客户提供更好的服务和体验。它是一个涉及企业文化、组织流程、商业模式和人员能力的蜕变。

本书详细讲解了企业进行数字化运营的战略路径，阐述了企业数字化运营过程中遇到的困难、陷阱，以及如何避免犯错、规避损失，解释了企业转型过程中做好用户数字化运营的一些基本原则。本书主要内容包括数字化企业的用户红利，私域流量的本质与核心，以数字化思维构建私域流量、搭建资源平台的方式，数字化时代的商业价值原点，走出私域流量构建的误区的方式，做好数字化运营的思路，打造专业的运营团队的思路，实现用户增长运营的步骤，构建企业数字化生态的方式等。

本书适合企业的管理人员以及企业的数字用户运营人员阅读。

◆ 著　　程大刚　边亚南
　　责任编辑　张　涛
　　责任印制　王　郁　焦志炜

◆ 人民邮电出版社出版发行　北京市丰台区成寿寺路11号
　　邮编 100164　电子邮件 315@ptpress.com.cn
　　网址 https://www.ptpress.com.cn
　　北京宝隆世纪印刷有限公司印刷

◆ 开本：720×960　1/16
　　印张：14
　　字数：248千字　　　　　　　　2020年12月第 1 版
　　印数：1－2 000册　　　　　　　2020年12月北京第 1 次印刷

定价：69.00 元

读者服务热线：(010)81055410　印装质量热线：(010)81055316
反盗版热线：(010)81055315
广告经营许可证：京东市监广登字 20170147 号

推荐序一

2018年年底与程大刚先生及其团队相识,程先生及其团队在数字化运营方面的专业态度深深地打动了我,我们之间迅速达成了战略合作协议,并一直受益于程先生及其团队的帮助和支持。

程大刚先生在短时间内就完成了干货满满堪称教科书般的经典作品。本书凝聚了程先生作为一个创业成功的年轻企业家的思想精华,书中字字句句皆为实战经验。

通过经典的案例,本书深入浅出地展示了如何构建私域流量、如何通过数字化升级运营实现企业客户数量及企业价值的增长。

通过学习本书,读者能够快速学会如何建立并完善企业的运营体系,打造专业的运营团队,构建企业的数字化生态体系,通过数字化转型升级实现公域流量向私域流量的转化,从而实现企业私域流量的转化率、客户的复购率及转介绍率,提高企业的盈利能力。

作为一名先睹为快的读者,上述是我阅读后的浅见。

这是一本很好的数字化运营图书,强烈推荐给读者。

杜彭

飞美家具&飞美地板联合创始人

推荐序二

我很激动能受邀为本书写序。我是一个很爱分享的人，时常把工作中的点点滴滴、个人的经验积累分享出来，希望这能对大家有所帮助。我平时分享的主题和本书讲述的内容都有很好的契合，我也高度认同程大刚书中提到的观点，书中有很多接地气的实践策略，它们对读者非常有参考价值。

亚马逊有一个非常著名的"飞轮理论"。飞轮理论的核心是增长，企业增长的关键因素是流量、客户体验及商品相关的指标。对于亚马逊而言，公司要为消费者提供购买商品的便利，形成一个好的客户体验，若客户体验足够好，就会形成品牌效益；好的品牌效益会影响更多的人在亚马逊购物，这样就形成了源源不断的流量增长；有了足够的流量支持，就具备了与上游供应链的议价权。亚马逊通过流量、体验、商品驱动着企业长期增长。

流量是现在企业长期发展的基础需求，无论是面向企业的业务还是面向用户的业务，都不能缺少流量的支持。为了运营好流量，让它更有价值、裂变更快，本书介绍了一些很接地气的内容，如私域流量的本质与核心。

我工作过的企业（如多点、每日优鲜、有好东西）都非常注重数字化运营。数字化渗透到了企业经营的各个环节，同时也成为一种企业与用户的沟通方式。数字化非常好地引导了这些企业的运营决策及产品迭代。

新零售变革时代，如何应对全渠道的流量竞争已是企业的生存关键，因此需要拓宽私域流量、提高运营效率。

通过线上线下结合发展，深耕私域流量场景，用数字化运营降低成本，提高运营效率，最终实现企业的长期增长。

最后郑重推荐一下本书，其中有战略、有方法、有工具、有落地实践案例。

冯会东
有好东西集团 CTO，
友市联合创始人兼 CTO，
每日优鲜中后台负责人，
多点创始团队成员，
IT 东方会零售分会会长，
零售行业资深专家。

本书赞誉

实体企业正在通过 5G 网络、大数据、人工智能等新一代信息技术进行数字化转型升级，通过数字技术提高经济效率，开启新的经营模式和组织架构。本书视角独特，以私域流量为切入点，以数字化运营为主轴，讲述了实体企业数字化转型升级的正确方法和路径，很值得企业数字化运营人员借鉴和学习。

熊焰　国富资本董事长

传统企业的数字化升级是未来发展趋势，本书既从战略高度阐述了数字化转型升级的成功路径，又从数字化转型实施的角度给出了数字化运营的体系架构和方法，很值得一读。

景晓军　任子行（股票代码 300311）董事长

在移动互联时代，如何让企业和产品获得更多关注度？怎样开展有效的运营和销售工作？本书系统地分析了这些问题，并结合案例深入浅出地阐述了解决这些问题的方法。无论是移动互联网企业的运营人员，还是传统行业的运营人员，只要对当今的运营推广方法感兴趣，都能从本书中获益匪浅。

程炳皓　开心网创始人

实体商业进行数字化升级，重点是用数字化工具指导运营，对消费者进行精细化服务。本书以详实的案例提供了互联网时代脉络清晰、切实可行的数字化运营方法，值得实体商业从业人员学习。

张永平　秀水街集团董事长

怎样和消费者保持联系？如何经营客户？如何用数据分析来指导企业决策？本书给出了很好的解答，书中所讲内容具有很强的实操性，值得读者学习。

赵志强　比格比萨董事长

在向数字化转型和私域流量运营过程中，传统企业一旦实现了数字化运营将更具市场竞争力。愿本书能给广大读者以启示、指导和决策参考。

常学勇　德州倚品扒鸡董事长

私域流量无疑是当前的热门话题，但很多人把私域流量简单地理解成聚集用户，本书对此进行了深入的讲解。私域流量是用数字化的方式聚集企业的资源，通过精细化运营，让资源发挥更大的价值。私域流量运营的核心是为用户提供有价值、个性化的服务。本书通过很多实例详细地说明了构建私域流量需要遵循的原则，以及构建和运营、使用私域流量的方法，非常值得读者认真研读。

邢力　将太无二董事长

这是一本可以解开数据化时代数字运营密码的工具书。通过系统地阅读本书，读者可了解完整的数据化运营框架，也可以从中找到帮助企业解决当下数据化转型问题的答案。强烈推荐本书。

王赟　幸福西饼 CMO

数字化服务并不是一个新的概念，这方面的书很多。但随着移动互联网等相关技术的发展，数字化服务的内涵与外延不断扩展。要进一步学习这方面的知识，推荐阅读本书，这是一本帮助读者快速提高数字化运营实战能力的好书。

于浩　理光软件研究所（北京）有限公司董事长、总经理，
理光（中国）投资有限公司联席总经理

本书以大量鲜活的案例为基础，展示了作者对数字化运营的深入思考，分享了作者在私域流量构建与运营体系建设方面的智慧，为我们深入理解数字化运营提供了一个独特的视角。

高旭东　清华大学经管学院教授，清华大学苏世民书院首席教授，
清华大学技术创新研究中心副主任

要与时俱进，建设和运营好企业的私域流量，实现数字化增长，建议阅读本书。本书给了我们很多启迪，非常值得一读。

刘庆波　中百信董事长

本书讲述的案例都很精彩，很多案例都源于程大刚的长期实践。本书结构清晰，

观点深入浅出，通俗易懂，非常值得有志于构建私域流量的创业者学习。

潘育新　朗然资本创始人

数字化运营、私域流量建设是未来所有企业都需要具备的能力。程大刚在这两个方面不仅有丰富的经验，而且有科学的方法体系，对于希望学习这两方面知识的人来说，这是一本难得的好书。

付利军　英诺天使基金合伙人

随着互联网流量红利的减退，私域流量应运而生，它是现在企业进行数字化运营的基础。本书全面阐述了私域流量的构建和运营方法，很值得读者学习。

杨歌　星瀚资本创始人

如何用数字化方式把"用户池"建立起来，变成自己的私域流量，然后以用户价值为核心，把每一个用户都当成一个超级 VIP 来运营，从而带来更多的私域流量，这是我每天都在思考的问题。本书对私域流量进行了深入的思考与探究，并展示了很多可以借鉴的翔实生动的案例，从拼多多到趣头条，从实体企业的海尔到故宫文创，每一个案例都能引发读者思考。本书很值得读者学习。

郑朝晖　News Break 创始人，一点资讯总经理

本书既系统地讲解了用户数字化运营的体系、方法，又给出了实用的工具。这是一本不可多得的"干货满满"的图书。无论读者是在实体企业做私域流量运营，还是在电商企业做线上社交电商、社群电商，都能从本书中受益匪浅。

潘国华　南极圈 CEO

我一直做股票投资，站在投资者的立场，我会重点关注"企业为社会和用户创造什么价值""产品解决了哪些用户的痛点""公司的护城河到底是什么""私域流量如何建立"，本书对上述关注点进行了详细讲解。

顾莹　老虎证券市场运营合伙人

在技术发展与商业模式创新的双轮驱动下，商业界已经普遍由商品经营时代进入用户经营时代，具体来说，就是通过数字化变革，实现对流量价值、交易价值、用户终身价值的创造。本书非常好地把握住了数字化变革的核心，从私域流量体系构建的角度切入，既有理论，又有方法，还有案例，本书很值得大家学习。

沈拓　清华 x-lab 未来生活创新中心，清华 MBA 教授

现在私域流量已成为企业进行数字运营的基础，很多企业都在探索。本书给出了很好的解决方案，很值得大家学习。

徐志斌　见实 CEO

公域流量的红利消失，获客成本居高不下，企业都在不断构建私域流量。本书系统地梳理了一整套构建私域流量和实现企业数字化运营的方法，值得大家学习。

肖大侠　新旗互动首席创意教练

流量意味着交易机会，私域流量意味着低成本交易机会，但很多人尝试进行企业私域流量运营后发现，通过私域流量实现真实的产品销售太难了，往往投入了大量资源来构建私域流量却收效甚微。如果你也有此类困惑，相信本书可以给出一部分答案。程大刚作为大数据运营领域的资深专家，对于私域流量运营，既有认识论层面的全局规划设计，也有方法论层面的一系列落地实战技巧，本书很值得大家学习。

王根喜　深圳市大卖车网络科技有限公司 VP

程大刚是 2004 年进入腾讯的优秀毕业生，掌握了大量数字化运营的经验。本书是他这么多年的经验积累，书中讲述的私域流量带来的用户价值、"程火山"模型的营销裂变等内容能为传统企业提供实用的数字化运营方法。

蔡川　高腾国际资产管理有限公司首席技术官

移动互联网的普及改变了消费者的购买习惯，商家必须用数字化运营手段迎接新的挑战。本书说明了要解决这个挑战的关键点。

薛军　腾讯前 P12 项目管理专家，雪豹学院创始人，微信摇一摇奠基人

本书不仅把私域流量讲明白了，而且为企业指明了数字化突围的路线。企业必须打破壁垒，广泛汇聚数据，深入挖掘数据，才能提高经营效率，形成差异化的竞争优势。本书值得所有正在思考企业数字化转型的人认真学习。

陈斌　NETSTARS CTO，CTO 联盟联席主席，IT 东方会产业智库名誉主席

在获客成本不断提高的今天，如何利用数字化运营手段构建私域流量，成为企业实现弯道超车的法宝。对于未来的企业，得私域流量者得天下。如果你正在关注这一跨时代的技术趋势，那么本书将会是你的最佳选择。

茹炳晟　腾讯 T4 级别专家、资深架构师，IT 东方会智库专家

当前大多数企业纷纷在做数字化转型，期望以私域流量体系建设和运营为抓手，通过发掘私域流量潜力，用数字化思路指导私域流量体系运营，提高组织运营能力。本书系统地讲述了如何构建自身的私域流量体系，如何用数字化手段运营这个体系。本书既有理论介绍，也有具体的营销案例，还对实际操作中常见的错误进行了鞭辟入里的分析。这是一本指导私域流量体系构建和数字化运营的书。通读本书，企业在私域流量体系建设和运营方面会少走弯路，用私域流量运营加速企业发展，促使企业利润增长。

于庆龙　叮当快药 CTO

私域流量是从 2018 年起逐渐开始流行的概念。从商家经营的角度，它把在各个互联网公域流量推广过程中和线下各种经营场景中所获得的用户资产数字化和会员化后，依托 0 元购、拼团、秒杀、满减等创新营销工具，通过对用户的持续运营实现社交裂变和持续消费，从而提高企业的收入。从互联网营销的角度，它在互联网用户红利期结束、公域流量成本越来越高的背景下，推动商家把人、货、场扩展到线上，实现全链路营销，通过推广获客、成交转化、客户留存、增购复购、分享裂变 5 个循环引导商家从单次投资回报率最大化到追求用户的终身价值。本书从私域流量的构建，到私域流量的运营体系建设，深入浅出地进行了讲解，是一本实操性和理论性俱佳的力作。

赵强　趣头条 CMO，腾讯 OMG 区域门户前业务负责人

私域流量的重要性涵盖"裂变""分享""会员制"，如"拼多多""兴盛优选，新十荟团，食享会""云集，花生日记"等都证明了私域流量的价值。本书解决目前行业内遇到的痛点——知道私域流量重要，但是不知道怎么做，知道商业数字化的重要性，但是不知道如何着手。

本书由浅入深，层层深入，手把手教你如何去做。

推荐大家阅读本书——我个人花了 5 天时间阅读完，久久回味，不断地和程大刚进行沟通，以达到融会贯通的目的

孙建明　云客 CTO，居然之家原互联网＋O2O 转型技术总负责人，
知果果 CTO，天九网科技 VP

前 言

为什么写本书

企业的数字化转型越来越受到经营者的广泛关注,并成为当前商业运营的趋势。企业的数字化转型中,重要的是从用户的数字化运营入手,因为企业用户的数字化运营已逐渐成为商家提高盈利能力的一个必然选择。

针对用户的数字化运营,有些人会片面地理解成互联网裂变营销、精准广告投放,实际上这些都只是企业用户数字化运营系统中很小的一部分。企业在数字化转型过程中应该构建一个系统的、精细化的运营体系。

本书作者结合互联网企业与实体企业的数字化转型过程中用户的数字化运营经验,对实体企业数字化转型的战略、趋势、误区、运营体系建设,以及用户运营的多种方法进行详细讲解,旨在帮助企业更好地建设自己的用户运营体系,让实体企业少走弯路。

目前,讲数字化运营的图书基本上是面向互联网企业的,本书既讲解互联网企业的数字化运营方式,也讲解实体企业做好用户数字化运营的思路。书中既包含用户运营方法、实体企业用户运营案例,也包括用户数字化运营的详细步骤和落地工具,能够很好地帮助实体企业搭建自身的用户运营体系,实现业务的增长。

本书内容

本书分为5篇,共20章,首先讲解了数字化运营的趋势、误区、指导原则及数字化运营体系的构建,然后讲述了如何在用户资源数字化的基础上,构建企业的数字化生态系统。

第一篇讲解了私域流量的概念、重要性,以及它的本质。

第二篇讲述了在建设私域流量时会犯哪些错误,以及如何走出私域流量建设的误区。

第三篇讲述了私域流量的构建需要遵循的原则,以及如何实现价值增长。

第四篇讲述了私域流量的建立和运营步骤。

第五篇讲述了私域流量的本质,并详细讲解了企业数字化资源平台的构建,以及如何实现企业的数字化转型与数字化盈利。

本书特点

本书具有以下特点。
- 面向企业,可操作性强。

本书讲述的用户数字化运营的每一种方法均有对应的案例和落地的工具,使企业能够按照书中所述,进行用户数字化运营的实施。
- 案例丰富、讲解仔细。

为了能够帮助读者清晰、明确地学习用户私域流量构建与数字化精细运营方面的知识,本书结合实际案例详细阐述了各个知识点,便于读者学以致用。

本书面向的读者

本书面向以下读者。
- 企业管理者。对于面向终端消费者的企业来说,实现企业的数字化转型的第一步就是实现用户资源的数字化,包括对用户的营销数字化、服务数字化等。本书从趋势、思维、原则、方法等方面对企业数字化转型进行了详细阐述,因而对企业的数字化转型具有非常好的指导意义。
- 企业的市场副总裁、营销副总裁、运营副总裁、首席信息官、首席技术官等。本书详细讲述了企业构建私域流量及进行精细化运营的框架。负责企业数字化运营的企业领导人员能够根据本书的内容迅速搭建出适合该企业的数字化运营体系。
- 企业运营人员。本书中的案例都是精心挑选的,对许多行业的运营人员有很好的借鉴和指导作用。同时,本书提供了一些流程方法的工具模板,适合企业线下落地实施。

作者简介

程大刚,哈尔滨工业大学计算机硕士,北京华秉科技有限公司首席执行官,中商联互联网工作委员会智库专家,哈尔滨工业大学"数字化升级"课程特聘讲师,腾讯原用户数字运营研究员,互联网资深数据挖掘专家,拥有100多项发明专利,其中包括20多项人工智能专利、10多项国际专利,负责过上百家实体企业的数字化升级,拥有丰富的实体企业数字化升级实操经验,2014年就提出了实体企业线上、线下一体化数字化运营战略思想,主导设计了国内首家实现线上、线下一体化的数字运营系统。

边亚南，北京华秉科技有限公司首席产品官，北京理工大学工业设计硕士，盈利增长训练营负责人，华秉盈销熵学院院长，百度、搜狗原交互体验设计师，擅长用户体验设计及用户运营。

致谢

本书酝酿了 4 年多，从真正提笔书写到最后提交给出版社，用了近两年的时间。在这个过程中真切感受到了讲课和写书的不同。

在编写过程中得到了北京华秉科技有限公司的韩锦雯、修国明，IT 东方会的王迪、白连东、冯会东等众多朋友的大力支持，为本书的编写提供了很多帮助，在此表示衷心感谢！

感谢腾讯，在腾讯这样一个培养互联网产品经理的"黄埔军校"中，我认识了非常多的优秀产品经理，比如，钟翔平、顾莹、乐露萍、姜爱荣、罗亮等，他们犀利的产品思维给了我很大的启发。

感谢哈尔滨工业大学的众多校友，尤其是哈尔滨工业大学校友创业俱乐部的诸位校友的热心帮助，他们是熊焰、高旭东、杜军、潘武、潘育新、付利军、郭茂祖、于浩、孙志刚、熊学红、王伟涛等。

感谢见实科技的徐志斌，在写作过程中他给了我很多好的建议。感谢李宽在出书过程中提供的帮助。

感谢深智连新营销社区联盟的宁立新、宇宙魔方新媒体阮志等，他给了我营销策划方面的好创意。

感谢我众多的客户企业，他们为本书的编写提供了很详实的案例。

感谢《数字化大咖说》的百位大咖讲师，如刘成敏、程炳皓、王赟、杨歌等，他们精彩的知识分享，让我获益匪浅。

感谢华秉盈销熵学院的众多老师，如关立新、蒋雏燕、王谷丹、张伟、徐增利等，他们为本书知识体系的建立提供了很多启发。

感谢人民邮电出版社的张涛编辑，以及所有为本书出版做出贡献的人。

感谢铁军大学 & 悟空拜师的创始人张永钢。

由于作者水平有限，书中疏漏之处在所难免，欢迎广大读者批评指正，联系邮箱为：94202@qq.com。

编辑联系邮箱为 zhangtao@ptpress.com.cn。

程大刚

目 录

第一篇　趋势为王——数字化时代的财富密码

第1章　"流量已死，价值当立"　3
- 1.1　互联网基础用户增长结束　4
- 1.2　用户的价值越来越高　4
- 1.3　传统营销方式的回报越来越低　5
- 1.4　数字化企业的用户红利　8
  - 1.4.1　拼多多　8
  - 1.4.2　趣头条　9
  - 1.4.3　网红IP　9
  - 1.4.4　完美日记　10

第2章　私域流量的本质与核心　11
- 2.1　私域流量的本质是用户资源的数字化　12
- 2.2　低增长将会成为常态　13
- 2.3　数字化是突破增长困境的重要武器　13
- 2.4　推动商业变革的3个核心因素都在发生变化　14
  - 2.4.1　技术的进步　14
  - 2.4.2　社会环境的变化　15
  - 2.4.3　需求的变化　16

第3章　以数字化思维构建私域流量、搭建资源平台　18
- 3.1　资源数字化　19
  - 3.1.1　渠道资源数字化　19
  - 3.1.2　专家资源数字化　21
  - 3.1.3　用户资源数字化　21
- 3.2　数字化会越来越重要　22

第4章 数字化时代的商业价值原点 25

4.1 通过宝洁看定位的变化 26
4.2 商业核心价值的变化 28
　4.2.1 商品服务时代的品牌力量 28
　4.2.2 数字化时代的核心价值变迁 28
4.3 数字化企业的核心价值 29
4.4 通过如家看实体连锁的用户赋能 29
4.5 用户和数据会带来持续的不对称优势 30
　4.5.1 传统连锁企业的不对称优势很难维持 30
　4.5.2 数字化连锁会带来更大的不对称 30
　4.5.3 餐饮连锁正在把不对称优势拱手送出 31
4.6 以用户和数据为原点的思维方式 32
4.7 用户和数据是商业价值的原点 33

第二篇　拨云见日——走出私域流量构建的五大误区

第5章 误区一：只赚吆喝不赚钱 37

5.1 企业的长图营销 38
5.2 故宫的文创营销 39
5.3 活动运营流程画布及活动运营SOP 39
　5.3.1 活动运营流程画布 40
　5.3.2 活动运营SOP 41
5.4 活动运营的"6W3H模型" 43
　5.4.1 目标是什么 43
　5.4.2 传播什么 43
　5.4.3 为什么能传播 44
　5.4.4 场景和载体 44
　5.4.5 针对哪些角色 44
　5.4.6 选择什么时机 45
　5.4.7 周期如何设定 45
　5.4.8 需要什么资源 45
　5.4.9 具体怎么落地 46

第6章 误区二：养大的孩子送别人 47

- 6.1 与平台合作的正确方式 ... 48
- 6.2 实现企业盈利的三大品类设计与品类设计的要求 ... 49
  - 6.2.1 引流型产品 ... 50
  - 6.2.2 价值型产品 ... 50
  - 6.2.3 利润型产品 ... 51
  - 6.2.4 品类设计的要点 ... 51
- 6.3 产品运营的五大能力 ... 52
  - 6.3.1 爆品运营能力 ... 52
  - 6.3.2 长尾运营能力 ... 53
  - 6.3.3 组合运营能力 ... 53
  - 6.3.4 品类黏性运营能力 ... 53
  - 6.3.5 产品价值运营能力 ... 54

第7章 误区三：黑熊掰苞米 ... 55

- 7.1 无积累的原因及如何避免 ... 56
- 7.2 《数字化大咖说》的系列运营 ... 57
- 7.3 连环运营才能将用户积累最大化 ... 58
- 7.4 如何利用积木塔做好连环运营 ... 58
  - 7.4.1 活动运营利器——连环运营积木塔 ... 58
  - 7.4.2 连环运营积木塔的几个应用案例 ... 59

第8章 误区四：表面赚钱，实际亏钱 ... 62

- 8.1 促销打折未必赚钱 ... 63
- 8.2 活动损益分析 ... 63
  - 8.2.1 当次收益 ... 63
  - 8.2.2 日常收益 ... 64
  - 8.2.3 长期损益 ... 64
- 8.3 活动的传播分析 ... 65

第9章 误区五：专业的人做专业的事 ... 67

- 9.1 专家的带动效应 ... 68
- 9.2 好人才也需要好的培养 ... 69
- 9.3 数字化运营需要提高组织能力 ... 69
- 9.4 走出误区并实现利润增长 ... 70

第三篇　金科玉律——如何做好数字化运营并实现价值增长

第10章　做好市场驱动的顶层设计　75
- 10.1　顶层设计是成功的关键　76
  - 10.1.1　战术的方法解决不了战略的问题　76
  - 10.1.2　运营在数字化建设中非常重要　77
- 10.2　快速试错，小步快跑　77
  - 10.2.1　通过快速试错适配瞬息万变的市场　77
  - 10.2.2　快速试错是一种能力　78
  - 10.2.3　小步快跑可以让运营效益最大化　78
- 10.3　以用户为价值原点　79
- 10.4　用好程火山模型，做好每个环节的价值增长　80

第11章　建立完善的运营体系　82
- 11.1　关注产品与用户，重视群体与个体　83
  - 11.1.1　营销理论的变化　83
  - 11.1.2　国产品牌的自信在增强　85
- 11.2　做好流量投放并实现用户价值增长　85
  - 11.2.1　流量的构成　86
  - 11.2.2　价值的定义　86
  - 11.2.3　数字化时代的增长轮　88
- 11.3　每一家企业都需要建设的用户增长HOUSE模型　89
  - 11.3.1　用户增长HOUSE模型　89
  - 11.3.2　不同类型的企业有不同的运营侧重点　90

第12章　打造专业的运营团队　91
- 12.1　不同能力的团队执行效果不同　92
- 12.2　打造专业团队需要做的3件事　92
  - 12.2.1　统一内部思想　92
  - 12.2.2　运营组织架构设计　93
  - 12.2.3　运营能力培养　93
- 12.3　数字化运营人员的五大基本功　93
  - 12.3.1　用户运营　94
  - 12.3.2　活动运营　94

12.3.3	内容运营	94
12.3.4	社群运营	95
12.3.5	数据运营	96

第四篇　步步为营——用户增长运营的六大步骤

第13章　步骤一：梳理——发现隐而不见的资源　103
- 13.1　明确目标　104
- 13.2　发现资源　105
- 13.3　落实资源　105
- 13.4　案例回顾　106

第14章　步骤二：聚集——通过资源撬动资源　107
- 14.1　用户聚集的六大驱动力　108
- 14.2　利益驱动的资源聚集　109
- 14.3　资源聚集的策略定位　109
- 14.4　用资源带来更多的资源　110
  - 14.4.1　农夫山泉的跨界合作　111
  - 14.4.2　喜茶的跨界合作　112
- 14.5　《数字化大咖说》的驱动力及资源撬动分析　114
- 14.6　门店流量的来源和价值　115
  - 14.6.1　门店流量的来源　115
  - 14.6.2　流量"收割"的价值　116
- 14.7　通过"收割"门店流量聚集用户资源　116
  - 14.7.1　门店流量"收割"的4个关键点　116
  - 14.7.2　门店流量"收割"的体系设计　117

第15章　步骤三：激活——如何找到用户的兴奋点　121
- 15.1　"愉悦时刻"　122
  - 15.1.1　常见互联网产品的"愉悦时刻"　122
  - 15.1.2　线下产品和服务的"愉悦时刻"　123
  - 15.1.3　如何发现用户的"愉悦时刻"　123
- 15.2　如何不"骚扰"用户而高频送达信息　124

第16章　步骤四：商业转化——来了就买，买了再买　126

16.1 完成首单转化的4个核心环节和相关案例 ·············· 127
　16.1.1 建立信任 ··· 127
　16.1.2 满足需求 ··· 128
　16.1.3 提供福利 ··· 131
　16.1.4 便捷行动 ··· 131
　16.1.5 飞美地板的首单转化案例 ····················· 133
　16.1.6 教育培训行业的销售数字化 ··················· 134
16.2 如何让用户买了再买 ······································· 135
　16.2.1 MOT理论 ··· 136
　16.2.2 峰终定律 ··· 137
　16.2.3 用户召回设计 ······································· 139

第17章　步骤五：规模与黏性——用户的价值体系与忠诚度设计 ·········· 141
17.1 数字化的承载和连接 ······································· 142
　17.1.1 积累用户和没有积累用户的区别 ············ 142
　17.1.2 数字化时代不是弯道超车，而是借道超车 ···· 142
17.2 价值运营中的直播运营体系 ····························· 143
　17.2.1 直播运营体系 ······································· 143
　17.2.2 企业直播的优势 ··································· 144
　17.2.3 企业直播落地 ······································· 145
　17.2.4 通过5步执行一场完美的直播活动 ·········· 145
17.3 价值运营中的内容运营体系 ····························· 150
　17.3.1 内容运营的目的 ··································· 151
　17.3.2 内容运营的重要性 ······························· 151
　17.3.3 从6个维度出发：搭建企业内容运营体系 ···· 152
　17.3.4 使用内容价值标尺判定内容适用场景 ····· 162
17.4 成长体系设计与忠诚度运营 ····························· 164
　17.4.1 用户黏性的八角行为分析法 ··················· 164
　17.4.2 成长体系设计 ······································· 167
　17.4.3 忠诚度运营 ·· 168

第18章　步骤六：裂变——资源裂变的7种武器、
　　　　3个关键点及六要素模型 ························· 170

18.1 第一种武器——拉新奖励 ·· 171
18.2 第二种武器——红包裂变 ·· 172
18.3 第三种武器——身份裂变 ·· 172
18.4 第四种武器——福利裂变 ·· 172
18.5 第五种武器——拼团裂变 ·· 173
18.6 第六种武器——捆绑裂变 ·· 174
18.7 第七种武器——直播裂变 ·· 175
18.8 第一个关键点——福利设计 ······································ 176
18.9 第二个关键点——奖励政策 ······································ 177
18.10 第三个关键点——落地执行 ····································· 177
18.11 快速裂变的六要素 ··· 179
18.12 数字化运营是一个有机的整体 ··································· 179
  18.12.1 数字化运营的六大步骤缺一不可 ··························· 179
  18.12.2 资源数字化是企业数字化生态的核心 ······················· 180

第五篇　乘风破浪——构建企业数字化生态

第19章　构建企业数字化生态的正确路径 ································ 183
19.1 传统百货的互联网之殇 ·· 184
19.2 如果百货行业在2010年就完成了数字化转型 ····················· 185
19.3 阿里巴巴的数字商业演绎之路 ···································· 185
19.4 实体百货为什么没有孵化出移动支付和云平台 ···················· 187

第20章　企业数字化生态建设的4个方面 ································ 189
20.1 战略转型与顶层设计 ·· 190
20.2 软件系统及生态平台建设 ·· 191
  20.2.1 如何拥有适合的软件系统 ·································· 191
  20.2.2 数字化软件建设的边界 ···································· 193
20.3 运营体系建设 ··· 193
20.4 组织能力建设 ··· 194
  20.4.1 组织结构 ··· 195
  20.4.2 组织激励 ··· 195

参考文献 ··· 199

第一篇

趋势为王——
数字化时代的财富密码

企业家都知道趋势很重要,如果跟上了市场趋势,一些优秀的企业家会成长为一个领域的佼佼者;如果跟不上市场趋势,一些曾经雄霸市场的龙头企业就会轰然倒下。

那么在数字化时代,究竟什么样的企业运营理念才是正确的呢?下面将介绍数字化时代一些关于企业运营的方法。

第 1 章

"流量已死,价值当立"

为什么说"流量已死，价值当立"？因为流量依赖于用户整体的增长。当用户整体快速增长的时候，才会产生流量红利。而当用户整体增长趋缓的时候，获取流量的成本就会越来越高。私域流量、用户增长、用户价值挖掘这些词在互联网行业越来越被重视，同时更多的实体企业开始关注它们。现在很多互联网企业都设立了用户增长部门，这个部门的主要任务就是采用数字化方式运营企业的私域流量。

1.1 互联网基础用户增长结束

为什么互联网企业会如此重视私域流量及用户的价值增长运营呢？我们来看一组数据。[①]

（1）2019年第二季度，中国移动互联网的月活跃用户数较第一季度的11.38亿净减少了193万。各大互联网平台的活跃用户数不但没有增加，还在减少。

（2）2015～2018财年，阿里巴巴年度活跃用户数的年均复合增长率放缓至仅有12%；2015～2017财年，京东3年年度活跃用户数复合增长率在25%以上，但2018财年增速放缓至4%；2018财年，拼多多季度活跃用户数增长率从第一季度的335.6%降到2019财年第一季度的50%。

（3）美团活跃用户数的增长也趋缓，这意味着平台流量红利已经结束，商家通过互联网平台的流量赚钱不再那么容易了。

这些数据表明，在大环境下，流量红利时代已经结束了。继续按照流量的思维去做生意将会越来越难，所以，私域流量会越来越被重视。

在学习私域流量之前，读者先思考一下：在私域流量、社群经济出现之前，商家是怎么通过互联网做生意的？他们大多通过流量做生意，如通过平台流量做推广、通过买流量营销，然后吸引用户来购买，用户买了商品以后就不再关注商家了。各商家一直都这么做生意，有一天，它们突然发现买流量太贵了，或者通过流量营销后用户不来了，才意识到以前的做法不行了。以前的用户来了又走，我们没有关注他们，没有在意他们。现在意识到这是一个巨大的损失。

1.2 用户的价值越来越高

现在所有的商家都已经发现"用户"对经营来说是如此宝贵的资源，也都发现

---

① 数据来源：QuestMobile 发布的《中国移动互联网 2019 半年大报告》，美团发布的《2019 年第二季度财报》《2019 年第三季度财报》。

需要把用户当成超级 VIP 来运营，要努力提高他们的复购率，让老用户帮商家带来更多新用户（也称拉新），并努力提高每一位用户的贡献值，这样才能把企业运营好。比如全民 K 歌 App 通过上述方式运营，用户对它的"转介绍率"高达 80%，借助这种老用户拉新的社交裂变，这款 App 真正实现了"病毒式营销"。虽然全民 K 歌 App 出现得比某些唱歌的 App 要晚，但在 2016 年，其活跃用户总量就已经超过其他的歌唱类 App 了。原因就是，这款 App 把每一位用户都当成超级 VIP 来运营，很早就构建了自己的私域流量，并通过数字化方式进行精细化运营。

我们在理解私域流量之前，要先搞清楚什么是公域流量。我们所接触的新浪微博、微信的朋友圈、百度搜索以及京东、天猫平台用户（流量）都是公认的公域流量。公域流量就是向大家开放的，只要肯花钱就可以买到的流量。那么私域流量是什么呢？私域流量是不是企业自己的？比如新浪微博是不是新浪的私域流量？朋友圈是不是微信的私域流量？天猫商城是不是阿里巴巴的私域流量？京东商城是不是京东的私域流量？

公域流量和私域流量其实是一个相对的概念。如果企业能把自己的私域流量做得足够大，那企业就成为公域流量的拥有者了。企业不仅可以通过它来赚钱，还可以通过它帮别人赚钱，从而赚更多的钱，这就是私域流量。

1.3 传统营销方式的回报越来越低

在私域流量出现之前，大家是怎么获取客户流量的呢？最常见的就是做广告，如电视广告、地铁广告、搜索广告、信息流广告等。拿电视广告来说，现在它仍然对企业营销非常有效果，但其价格是非常高的。最后赚钱还是赔钱就看你的投资回报比是不是合适。

在电视台上投放广告的投资太大，很多企业不会去做，但它们可能会对投资规模稍微小一点的广告感兴趣，如投放地铁广告。如果经常在北京、深圳、上海坐地铁就会发现，有一个行业在地铁上广告很多。这几年，许多的植发公司在连续地投放地铁广告。笔者恰巧认识这些做植发广告的公司中的一个老板，曾经问过他在地铁上做植发广告的效果到底怎么样。他说，这个人群的匹配度还是非常高的，但是现在的效果不如 2017 年以前了，这几年广告效果在持续下降。为什么呢？原因是大家的注意力越来越不在车厢里了，前几年大家坐地铁还能抬头看看地铁车厢中的信息，而现在的乘客上车前就一直盯着手机看，上车之后也不会去关注车厢里面有哪些东西了。他们的注意力都在手机上，而不在周围的环境上。根据 CTR 媒介智讯发布的统计数据，2019 年上半年中国广告市场整体下滑 8.8%，传统媒体的广告量下滑更严重，同比降幅达到 12.8%。传统户外媒体刊例花费降幅增大到18.9%。这说明广告主们很精明,发现传统广告能够带来的收益下降了,自然就不去投放了。不仅传统广告的效果下降得厉害,点击广告、信息流广告的效果下降得也很厉害。2004年前后,线上广告的点击率是44%,而到了2019年,线上广告的点击率是0.05%,15年的时间,几乎缩减为原来的千分之一。[①]

对北京有所了解的读者应该知道,天通苑是北京很大的居住社区,天通苑地铁站也是人流量很大的地铁站。某比萨连锁企业把天通苑地铁站内的广告位包了下来。笔者曾经问过这家企业的老板,投放地铁广告的效果怎么样。他说还可以,笔者就追问他"还可以"是什么意思。他说有一定的用户引流效果,但是相对而言还不如搞一次跑步活动的效果好。笔者当时非常惊讶,一个做比萨的企业跟跑步有什么关系啊?后来详细了解了一下才知道,这个老板确实很有创意。他们在北京的奥林匹克公园每年都组织一次5km的跑步比赛,比赛的名字也很有意思,叫作"××跑"。因这名字起得很有意思而备受关注。

每次"××跑"比赛之后的两周,他的销售额都会有一个大幅度的上升。笔者对此产生了兴趣,就对这个跑步进行了研究。为什么一个看似和饮食无关的跑步活动会给一个餐饮企业带来销售额增长呢?为了搞清楚这件事,笔者也参加了一次比赛,发现了一些特别有意思的事。首先,参加跑步的人中大部分是这个企业的会员,因为这家比萨连锁企业是会员制的,会员购买比萨会便宜一些,回头客基本上会办会员卡。会员来参加跑步比赛的时候觉得跑步是一件积极、健康、充满正能量的事。这就引发了一些有意思的事情。第一,跑步活动和这家比萨品牌绑定,会员们对品牌的认同度提高了,这也是会员黏性运营的一种方式,黏性强了,回购率就提高了。第二,跑步是一件充满正能量的事情,参与者在分享的时候就不会有大的心理门槛。另外,在奥林匹克公园跑步时,风景好,气氛热烈。在这种气氛的感染下,很多参与跑步的会员拍照,发微信朋友圈,由于整个活动都是这家比萨连锁企业策划的,因此活动现场到处都是他们品牌的宣传画,会员们拍照发朋友圈就会把其品牌宣传出去了。这样一来,会员朋友圈里面的好友原来可能不知道这个品牌,现在知道了这个品牌;原来知道这个品牌的可能有很长时间没去吃了,看到了就可能想再去吃一次。这家比萨连锁企业举办的每一次跑步活动都起到了非常好的广告作用,同时在召回老客户和联络客户感情方面也起到了很好的作用。

所以老板发现,在奥林匹克公园搞一次跑步比赛的成本比投广告的成本低多了,但是回报特别高,这就是本书所讲的私域流量的一种线下的集中运营方式。

最近两年,笔者发现某面包品牌也开始组织用户在奥林匹克公园跑步。有些小朋友也很愿意参加,因为可以免费吃面包。

这些企业都把用户客流变成了自己的私域流量,他们通过运营用户,让已有的用户和企业的黏性更强了,同时让已有的用户带来了更多的新用户,这就是运营私域流量的价值。

---

① 数据来源:艾瑞网数据及CNNIC。

我们虽然强调了私域流量的价值,但并不能忽视公域流量的价值,公域流量的价值仍然很大。但是对于这个价值,企业家需要想办法把它用好,把公域流量转化成自己的私域流量,然后再让私域流量带来更多的私域流量。我们从公域流量上买来的用户流量就好比是花钱从河里买来的水,一定要自己建一个池塘,把水存起来,使其变成自己水池里面的水。

一起来思考一个问题,假设企业的办公楼在稍微有点偏的位置,每天的单位面积的租金不到10元/平方米,但是我们办公楼下的店面的单位面积租金是多少钱呢?30元/平方米。为什么楼下30元/平方米,而楼上不到10元/平方米呢?因为楼下有自然客流,客户从街上一经过就看到店面。如果搬到楼上,没有人能看到这个店。楼上楼下"租金差异"其实就是商家"买流量的成本差"。

其实商家只要把店开在一个地方,就无时无刻不在为"流量"买单。星巴克的每一家分店都开在商圈里客流量很大的地方,因此我们会发现星巴克几乎无处不在。好的位置其实就等于有了好的"流量"。李嘉诚曾经说过,做生意的秘诀一共有3个——第一是位置,第二是位置,第三还是位置。位置决定了客流,位置的租金就是企业购买客户流量的费用。

商家既然支付了购买流量的钱,怎么才能让这个买流量的钱花得物有所值呢?很显然,应该让这些买来的流量有更高的购买转化率,有更高的复购率,甚至让这些买来的流量衍生出更多的流量。要想达到这些目的,就需要通过用户的数字化运营把公域流量转化成私域流量,然后让私域流量带来更多的价值。这是数字化时代下所有企业运营的一条必经之路。

以前互联网企业很少在传统媒介上做广告,但这几年,腾讯、百度、阿里巴巴、快手等都投钱在央视春晚上做广告,为什么呢?

一方面,虽然这些互联网公司的体量已经非常大了,用户覆盖率足够高了,但仍然需要用户对其有更深刻的场景认识。阿里巴巴第一次在央视春晚上做广告活动的时候,以为自己做了好多次双十一活动,这次春晚活动不会出现性能问题,结果央视春晚的广告活动一出来,支撑活动的服务器的性能就告急了。因为这里面有大量未曾触达的用户被央视春晚吸引过来并参加了此次活动。通过央视春晚,他们很好地跳出了"圈层陷阱",实现了一次核心用户量的突破式提升。

另一方面,这些互联网公司的产品和服务的覆盖度足够广,并且有非常强的流量转化或购买能力。通过央视春晚上的广告活动,他们不仅塑造了品牌、推广了产品和服务,而且把央视这个公域流量池里面的流量变成了自己平台上的私域流量。然后,腾讯、阿里巴巴、快手又将私域流量开放给众多的企业,使其成了这些企业的公域流量,从而让腾讯、阿里巴巴、快手等企业赚到更多的钱。这个思路就是,从公域流量购买流量,变成自己的私域流量,然后开放给其他企业,成为其他企业付费购买的公域流量。

1.4 数字化企业的用户红利

前面已指出，采用传统的购买流量的运营方式，企业的销售回报越来越低了。接下来再看一下数字化企业是怎么运营用户的。

1.4.1 拼多多

先看看"1亿用户都在用"的拼多多，实际上它的用户数量已经突破3亿了。虽然在很多人的印象中拼多多卖的是价格相对较低的商品，但是2019年拼多多平台销售了100多万部苹果手机，雅诗兰黛集团旗下的海蓝之谜在拼多多上第一周的销量几乎相当于其在某电商平台上几年的销量。

拼多多App在上线两周后用户数就达到了100万，并且在35个月后实现了股票上市。拼多多现在的成交总额（GMV）和市值已经在电商行业中位居前列了。其崛起速度非常快，那么它做了什么事促使其发展这么快？其实就是用数字化方式把自己的用户池建起来，也就是我们今天所说的精细化运营的私域流量。

像笔者这种互联网行业的老人对互联网上的很多玩法都是"天然免疫"的，但笔者恰恰就是拼多多前100万个用户之一——拼多多App上线两周后就把笔者给"套"进去了。起因是这样的，一个前同事跟笔者说，1元钱可以买6瓶矿泉水，他想让笔者跟他一起拼团。其实"1元钱买6瓶水"这种售卖方式对笔者来说是没有什么吸引力的，但是同事找到了笔者，笔者应支持他，若要说不行，同事会觉得不太舒服。于是，笔者成为了拼多多的用户。

参团之后，笔者就认为这个活动的成本应该挺高。"1元钱买6瓶水"这种活动中水本身的成本可能是几块钱，因为一般批发价是几角钱一瓶水，但是配送费高，一次至少需要5元或10元的配送费，这个获客成本太高了。紧接着，笔者发现了拼多多还有一个很深的"套路"设计——其搞的活动是如果要成功配送的话，一栋大厦或者一个社区需要满30个名额。这就是特别好的一种用户裂变方式。

这样的操作就把成本降低了很多，因为这个活动是30人起送，所以每一个用户的配送成本非常低。估算了一下，它的一个获客（获得一个客户）成本才三四元钱。上线两周，预计也就花了四五百万元的营销费用，用户数就达到了100万。这100万用户的价值又意味着什么呢？我们从表1-1[①]中可以看到主要电商平台上，每个用

---

① 数据来源：阿里巴巴2019年财报、京东2019年财报、拼多多2019年财报。

户能够贡献的成交总额和营收。由于拼多多还远没有阿里、京东成熟，它的人均贡献还处于从低到高的快速增长阶段。但即便是按照最低的 1720 元 / 人的全年 GMV 贡献来算，100 万用户的贡献也是 17.2 亿元的年度销售额。这是多么划算的一笔生意啊！

表 1-1 主要电商平台营收及用户分析

电商平台	GMV/ 万亿元	营收 / 亿元	月活 / 亿	每位用户的 GMV/ 元	每位用户的营收 / 元
阿里巴巴	6	3376	8	7500	471
京东	2	5769	3.6	5556	1602
拼多多	1	301	5.8	1720	52

备注：

GMV（Gross Merchandise Volume）是一定时间段内的成交总额的意思。多用于电商行业。比如全年 GMV 指全年的成交总额，月 GMV 指某个月的成交总额。

月活是一个月的时间段内活跃的用户。衡量有效用户数量的常用指标还有日活，就是每天的活跃用户数。社交类、娱乐类产品通常首先看日活数据，电商类产品通常首先看月活数据。因为社交类、娱乐类用户存在天天都使用的情况，而用户通常不会天天上电商平台。另外，不同产品对用户活跃数的定义标准不同，但对于电商来说，由购买活动产生的用户一定算活跃用户。

1.4.2 趣头条

第二个案例是关于趣头条公司的。趣头条在四、五、六线城市中的用户非常多，其目标市场更加垂直，完全按照人群进行细分定位。拼多多最开始也是从四、五线城市突围出来的，但是趣头条比拼多多的用户还要下沉一些。趣头条的理念是用户平时反正都是要看新闻的，在哪里都是看，而在趣头条上看新闻是可以赚钱的。所以大家调侃趣头条——在别的地方是看新闻期间插播广告，在趣头条上是看广告期间插播新闻。

趣头条通过"收徒机制"借助用户的关系链不停地裂变、不停地聚集用户，越聚越多。最后，趣头条 28 个月就实现了股票上市，上市所用的时间比拼多多还要快。这就是用户数字化运营的一个魅力。如果一个企业能够把用户聚集起来变成自己的私域流量，然后对它进行精细化运营，让企业的私域流量带来更多的私域流量，那企业就越来越值钱了。

1.4.3 网红IP

再看一些网红 IP，相信很多女性读者很熟悉下面这些网红。

- 快手的网红辛巴：他在自己的婚礼上还搞了一场直播卖货。
- 泛平台的网红李佳琦：女同胞们都非常熟悉他，随着他夸张地说："买它！买它！"女同胞们买下了一支又一支的口红。使李佳琦开始成名的是两个标志性事件：一个是他拿了一个吉尼斯世界纪录，30秒涂了4次口红；还有一个是跟马云比赛卖口红。
- 淘宝直播的薇娅。

上面这3个人可以说是网红带货的代表了，薇娅和李佳琦搞了一个双十一带货的比拼，两个人都卖了一二十亿元。这是一个非常让人震惊的数据，一二十亿并不是一个简单的数字。比如说，全国有100家门店的一般性的连锁企业一年的销售额也差不多就是一二十亿元，这还是做得比较好的企业。

如果我们对网红的理解还停留在炒作或赚眼球的层面上，我们就落伍了。笔者曾经采访过一些较有名的网红，发现这些网红背后都是公司化运作，而且他们公司都组建了人工智能方面的算法团队。他们通过数据挖掘算法来运营用户、提高卖货率，实际上网红的成功靠的是背后的精细化运营。

1.4.4 完美日记

近两年迅速走红的美妆品牌——完美日记从2016年成立到2019年为止也就3年，它2019年完成30亿元的销售额。通常不经营10年、20年，一个传统行业的品牌要达到30亿元的销售额是想都不敢想的。在2019年的天猫彩妆销售排行榜上，完美日记排名第一，而排名第二的雅诗兰黛是一个百年品牌。完美日记是通过什么方式迅速发展起来的呢？它就是通过大量的关键意见领袖（Key Opinion Leader，KOL）去帮忙宣传的。对于这些KOL来说，他们的粉丝其实就是KOL的私域流量。完美日记很好地利用了别人的私域流量——大量KOL的小规模的私域流量（小池塘）。它没有找大平台进行大规模的推广，只是一个小池塘、一个小池塘地去运营，最后拼成了一个大海，这就是数字化运营思维模式的转变。

第2章

私域流量的本质与核心

私域流量崛起的背后是企业对经营增长的焦虑。同时，它代表着企业开始从流量"收割"到用户经营的思维转变。那么私域流量的本质是什么呢？

2.1　私域流量的本质是用户资源的数字化

在讲解私域流量之前，我们首先要清楚私域流量的本质是什么。其本质是用户资源的数字化。以前各企业做生意时都是用户买完东西就走了，企业与用户之间没有建立连接。虽然有些企业简单地登记了用户的姓名和电话号码，但这不能称为用户资源的数字化，这只是通过数据化方式记录了用户的信息而已。因为企业没有与用户建立一个有效的连接，并且也没有对用户进行精细化的运营。

只有通过数字化手段和用户建立更有效的连接，把用户聚集起来，并且能够对用户进行精细化的运营，才能真正地把用户资源数字化，也就是把私域流量建立起来。

现在私域流量为什么会越来越火？为什么会认为私域流量能够给商家带来越来越大的价值呢？原因是私域流量能够提高单位经济效率。

我们在观察一件事物的时候，通常从时间和空间这两个维度来思考，时间的维度应尽可能长，空间的维度应尽可能广。

原始文明诞生的时候是狩猎文明——大家靠打猎和采摘为生。如果逮住了一只大象，那么够一个小部落美美地吃上一段时间；如果只逮住了一只兔子，可能大家就要一起挨饿；如果逮住了一只羊，可能吃得也挺饱，但是过两天又得出去打猎了。在采摘和狩猎为主的时候，采到了什么吃什么，猎到了什么吃什么，如果采不到果实也猎不到动物，就只能饿肚子。以前商家在做生意的时候，其实就像采摘和狩猎，完全依赖于外部资源，是一种单位经济效率很低的做法。

如果不把逮住的羊吃掉，而是把它养起来，这就产生了游牧文明；如果把采摘的果实种植到土地上，就产生了农耕文明。我们从历史的文明长河来看，狩猎文明还存在吗？

狩猎文明很早就消失在了历史的长河之中，农耕文明和游牧文明有机会发展成了近代文明，进入了工业社会，出现了现代文明。

为什么狩猎文明没有机会，而只有农耕文明和游牧文明才有进一步发展的机会呢？这里面非常重要的一点就是单位经济效率的不同。在狩猎文明的时代很多人连温饱问题都解决不了，生存是很艰难的，单位面积上能够承载的人口数量极为有限。随着资源越来越少，生存会越来越艰难。整个文明要么转型，要么走下坡路，直至消失。

这与企业做生意是一样的。外部环境发生变化了，获取客流的成本越来越高，企业间对用户的竞争越来越激烈。如果还按照以前的那种方式做生意——用户来了我就做生意，用户不来我就不去管他，那么这种"靠天吃饭"的做法肯定会让企业的生意越做越差。只有把用户维护起来，把用户当作企业的超级 VIP，然后精细地运营他们，才能够让老用户带来更多的新用户，进而有更好的销售业绩和更好的企业利润。

比如我们前面讲到的，如果抓到了一只羊并把它吃掉，那么只得到了它一次的价值；如果不把它吃掉，而是把它养起来，假设养一年，是不是可以用一年的羊毛喝一年的羊奶？最后即便把它吃掉了，还可能会留下一堆的小羊羔。这就是数字化企业非常看重的"用户全生命周期价值"。对于原始的采摘和狩猎文明来说，它是获取不到这种"用户全生命周期价值"的，只是获取了单次价值。

2.2 低增长将会成为常态

整个经济环境都面临着增长放缓的问题，不仅是我国，全球都在放缓。这是现在很多企业面临的实实在在的问题。与之伴随的就是各个行业的增长放缓，企业盈利能力下降。

在整个经济体量增长放缓的情况下，企业要想快速成长，成为庞大的企业，必然要依赖于技术的进步和经营模式的转变。对于全球市值排名靠前的企业，每一家都通过数字化方式建立了数字化生态，实现了社会化雇用，极大地降低了成本，提高了效益。

这些也是本书所讲的。为什么数字化现在越来越被重视？现在私域流量的概念一被提出就迅速爆红，原因就是私域流量在企业的商业盈利上有更高的效率，而盈利效率就是商业竞争的本质。

我们常说的商业竞争到底争的是什么？争的就是效率，只有企业的盈利效率高于社会平均值才能赚钱。如果企业的商业盈利效率低于社会平均值，那么它肯定赔钱。当其他企业在通过数字化聚集资源和在扩大私域流量的时候，若你的企业不做，那你的企业的增长必然会低于同行的平均值，想盈利就很难了。

2.3 数字化是突破增长困境的重要武器

在整个国家层面上，目前把数字化当成突破困境的一个有效的武器。国务院在 2016 年就发文提出："传统产业亟须利用新一代信息技术，打通不同层级与不同行业间的数据壁垒，强化数据驱动能力，提高行业整体运行效率，加速数字化转型与升级，构建全新数字经济体系。"

2018 年 8 月国务院发展研究中心发布的《传统产业数字化转型的模式和路径》报告中还提出了数字化转型分步实施的路径："第一阶段（2018～2020）开展数字化

转型试点，第二阶段（2021～2025）推进中小企业进行数字化转型，第三阶段（2026～2030）实施企业内到行业的集成，并于第四阶段（2031～2035）最终实现完整的生态系统的构建。"

我国为什么这么重视数字化呢？一是数字化意味着精细化运营，意味着能够切切实实地为企业提高效率，二是国家想在第四次技术革命开始之前，让企业做好准备。

在提高企业盈利能力方面，著名的咨询机构埃森哲在2018年对8个行业做了一次调研，调查这8个行业的TOP100企业中的数字化转型升级情况。

埃森哲通过调查发现，进行了数字化转型升级的企业的"复合增长率"的平均值是14.3%，而没有进行数字化转型升级的企业的"复合增长率"的平均值是2.6%，前者是后者的5.5倍。在销售利润方面，进行了数字化转型升级的企业的"销售利润"的平均增长率是12.7%，没有进行数字化转型升级的企业的"销售利润"的平均增长率是5.2%，前者几乎是后者的2.4倍。这些成功实现了数字化转型升级的企业在销售利润上明显提高了。数字化能够非常有效地帮助企业提高销售。对于零售类型的企业来说，数字化转型升级的第一步就是要有自己的用户池，也就是本书所讲的私域流量。

2.4 推动商业变革的3个核心因素都在发生变化

推动商业变革的3个要素包括技术、社会、需求。每一次的商业变革都是由这3个因素来推动的，这3个因素中的某一个因素发生变化都会推动商业社会产生一次大变革。

2.4.1 技术的进步

我们正在进入5G时代，5G网络已经铺设，5G手机也开始销售，那么5G时代能够给我们带来什么呢？

当3G、4G网络还没有到来的时候，我们对3G网络的设想是网速更快，可以像使用计算机上网一样用手机上网，想象不到会产生移动互联网，更想象不到会产生移动支付，这一系列影响其实是想象不到的。我们严重低估了3G、4G网络技术进步所带来的影响。

《数字化大咖说》的首期嘉宾、国富资本董事长熊焰老师在回答学员们的问题"5G会带来什么"时给出的答案是"经验限制了我们的想象力，贫穷限制了我们的想象力"。对比刚刚说的3G、4G网络带来的变化，是不是非常有感慨？现在5G网络来了，网速更快了。那么对于广大消费者来说，用这么快的网速可以做什么呢？

现在在手机上看视频、玩抖音已经很流畅了，那么 5G 时代到来后究竟能给我们带来什么呢？其实根据目前的想象力，5G 时代带来的变化是我们想象不到的。基本上唯一可以确定的是，5G 网络会在万物互联方面给我们带来极大的发展。当某一天回首 2019 年或 2020 年的时候，我们就会发现当时对技术进步所带来的变化的想象是匮乏的。

未来不仅是"人与人的连接"，还是"人与物的连接"和"物与物的连接"。

未来不仅会实现"人和人的连接"，并且我们所接触的世界的每一个角落将会连接起来。每一个人身上都可能有许多传感器，周围所有的物品都将被连接起来。我们每时每刻都可能被数据包围着。未来的世界是用数据描述的，数据将无处不在。

作为一个企业家，如果还没有了解这种趋势的话，那可能会被同行远远地抛在身后。

再举一个例子，我们每天在看新闻的时候，大部分人会打开手机中的今日头条 App。假如有 100 个人打开了手机上的今日头条 App，看到的却是 100 个不同的界面。今日头条针对每一个用户进行了个性化的运营，根据每个用户的喜好为其推送更喜欢的信息。对于拥有几亿用户的今日头条来说，如果在以前要通过编辑人员来为每个用户编辑不同的新闻列表，可能要雇用非常多的编辑才可以。但是，今天移动互联网的普及，人工智能技术的进步，让这种不可能成了可能，甚至把这种个性化的运营变成了一种常态。今日头条借助移动互联网和人工智能的发展，建立了自己的私域流量。

私域流量不等于朋友圈加微信群。

有些讲述私域流量的书告诉读者，私域流量就是微信公众号以及个人微信号，建一个微信群就建立私域流量了。这么做只是把用户聚起来了，它还称不上是私域流量，并没有形成一个有机整体。用户没有活跃起来，也没有对你形成强烈的价值认同感，因此这不叫私域流量。对于真正的私域流量，要对"用户池"进行很精细化的运营，要进行个性化的设计，让每一个用户都感觉自己被尊重，每一个用户都觉得你给他的信息就是他想要的，这样才把私域流量真正地建立起来了。这也是本书要讲私域流量的数字化运营的原因。

需要通过数字化方式给用户更好的、VIP 式的体验，这样才能建立起有效的私域流量。

2.4.2　社会环境的变化

我国的社会商业环境正在经历着前所未有的巨大变化，行业的竞争会越来越激烈。以餐饮行业为例，2015～2018年，餐饮行业的市值从3万亿元增长到了4.2万亿元，这个增速非常高。我们之前研究了餐饮企业的Top100，发现餐饮百强企业里，大多数企业的增长没有达到10%。为什么呢？不是这些百强企业不够强，而是因为竞争对手越来越多。市场总量虽然增大得很快，但是竞争对手越来越多了。这就导致每一个企业的增长都不是那么容易。要想获得一个高速的发展，企业要通过精细化的运营把销售利润变得越来越高，让企业的销售利润超过同行才行。作为一个企业家，我们要时刻记得行业整体的低增长在未来一段时间都将是常态，要想赚钱，必须提高商业盈利的效率。

同时，我国也是拥有全部工业门类的国家。也就是说，我国有全球最完备、最大的供应链体系。目前，我国是全球第二大消费市场。这些是企业的机会和红利。但要想抓住这些机会，企业需要有更精准的运营能力、更快速的反应能力，而这些都离不开数字化。

2.4.3 需求的变化

在需求方面，有的人说需求在降级，有的人说需求在升级。关于需求降级，很多人所举的例子就是拼多多，以及其他低价格品牌的快速崛起。但有很多人觉得那些高价的奢侈品卖得特别好。需求升级也好、降级也罢，都使用户的需求越来越个性化。笔者既喝几百块钱的酒、几千块钱的酒，也在拼多多上买东西，用的抽纸和卷纸都是在拼多多上买的。笔者是需求升级了还是需求降级了？这些只不过表明了需求的个性化，相信每一位读者都会有同样的感觉。

除了需求的个性化之外，消费者的需求不再是吃好、穿好，而是追求高质量、高健康度的生活。以服装行业为例，各品牌的业绩普遍在下降，国外的众多快时尚品牌纷纷宣布关闭中国店铺，但国产运动品牌这几年的发展很快，如安踏、李宁等出现了非常高速的增长，有望成长为中国的"阿迪、耐克"。原因就是，热爱运动的人越来越多了。以马拉松为例，参加马拉松的人数在2009～2019年增加了18倍，所以带动了相关的运动鞋、运动装等销量大增。如果对服装行业不细分研究研究，就会以为服装行业是上涨的，会让人误以为用户对"穿"的需求在提高，实际上，人们对"健康"的需求提高了，促使了运动装的需求上涨。

技术、社会、需求都在发生变化。前几年出现了社群经济，最近出现了私域流量，这些词一提出来，立刻得到了大家的关注，因为它击中了大家求变的痛点。

《营销管理》一书的作者菲利普·科特勒被尊称为营销学之父。科特勒在每一次营销学大会结束的时候都会说同样一句话，"如果5年内你还在用同样的方式做生意，你一定会关门大吉"，这绝对不是危言耸听。

2.4 推动商业变革的3个核心因素都在发生变化

实体产业的数字化是未来的趋势,也是很大的一个商机。对于面向消费者的零售型企业来说,本书讲的私域流量是数字化时代的最佳入口之一。对于无论是卖商品还是卖服务的偏零售型的企业来说,只有把自己的用户资源数字化了,才能拉开整个企业数字化升级的序幕。

第 3 章

以数字化思维构建私域流量、搭建资源平台

3.1 资源数字化

私域流量的本质是用户资源的数字化，私域流量运营的核心是为用户提供有价值、个性化的服务。下面讲解以数字化思维构建私域流量、搭建资源平台的知识。

3.1 资源数字化

私域流量的定义如下。

私域流量就是用数字化的方式聚集资源，通过精细化的运营，让资源发挥更大的价值。

图3-1展示了私域流量的资源维度。

图3-1 私域流量的资源维度

很多人把私域流量理解成仅聚集用户，这是非常错误的。用户只是私域流量中的一部分，也只是企业资源的一部分。对于零售型企业来说，有客户到店了，无论是到线下实体店的客户还是线上的客户，只要接触了，就要想办法把用户留下来，要想办法把用户沉淀到企业自己的数字化平台上来，这样，企业才算开始建立自己的私域流量。

同时，企业还有渠道资源，那么如何通过构建私域流量、搭建数字化资源平台把企业的渠道资源整合在一起呢？下面讲解几个例子。

3.1.1 渠道资源数字化

有一个企业生产的产品是工人师傅用的电机，包括电钻、起子机（电动螺丝刀）、手持电锯等上用的电机。这是一个传统的、生产的非大众消费的和低频购买的产品的公司，它却用数字化方式把渠道资源变成了自己的私域流量。

对于生产厂家来说，它很羡慕经销商，因为终端消费用户的信息在经销商手里面，厂家接触不到。现在的市场是买方市场，在面对经销商的时候，厂家都相对处于劣势。经销商今天可以卖A厂家的货，明天可以卖B厂家的货。经销商做大做强之后，还可能想着让厂家给自己生产商品，卖自己品牌的货。生产厂家对掌握不到用户信息很苦恼。

其实经销商面对终端门店的时候，也处于劣势。对于终端门店来说，它们觉得你今天给的价格便宜，我便买你的。明天别的经销商给我的价格便宜，我明天便买

第3章 以数字化思维构建私域流量、搭建资源平台

别人的货。经销商对终端门店的控制力也没那么强,他们也对掌握不了用户信息而发愁。

那么对于终端门店来说,他们发愁客户、发愁卖货。客户买东西后便走了——客户下回什么时候来,终端门店也不知道。如果有其他的门店和他竞争,客户有可能下次就去竞争对手那里了。原因可能是竞争对手的价格更低,可能是竞争对手的品类更全,甚至可能是一些其他与销售无关的因素。总之,终端门店也不知道客户的具体情况——客户是怎么来的,怎么才能留下客户,客户是因为什么而流失的。在整个营销链条里面,厂家有厂家的烦恼,经销商有经销商的烦恼,终端门店有终端门店的烦恼。各个营销环节中,各有各的痛点。

这家制造电机的企业想到了一种模式——建立了一个数字化平台,通过为各个环节解决痛点,把自己的渠道资源、渠道的终端门店资源、门店的用户资源都聚集起来了。其形式如下。

经销商去拓展终端门店的时候,只要这个门店符合厂家的要求,经销商就通过数字化平台上的经销商拓店 App 工具上传门店的照片,并备注好尺寸。厂家审核之后就给门店制作一个门头,和这个门店签合同,并给这个门店 300 台特价电机,同时签订销售任务,达到后还有奖励。这些特价电机通过供货系统划拨给经销商,经销商再划拨给门店。这 300 台特价电机特价到了什么程度呢?每台电机的进货价会比正常进货价至少要低 100 元。如果门店把这 300 台电机都卖掉了,门店就能多挣 3 万元。如果门店半年内卖不掉这 300 台,剩下的特价电机就归经销商,由经销商来卖掉。对于门店也好、经销商也罢,能多挣一些钱,是一件很值得做的事?因此门店和经销商都很愿意参与。

然后怎么聚集用户到厂家的数字化平台上呢?如果用户想买这种特价电机,必须通过厂家的数字化平台来购买,线上下单,下单的时候按用户的位置自动定位到所在的门店,然后用户直接从门店提货,这样用户信息就进入平台了。同时,后台的数字化运营系统能够对进入平台的用户进行一系列自动化的连环运营,从而提高用户的复购率与"老带新率"。

对于门店来说,它掌握了用户的数据,知道用户什么时候买过什么电机,也能够对用户进行管理和运营。同时,通过厂家的促销活动和连环运营,也帮助门店提高了销售额。

对于经销商来说,厂家给了经销商这么大的一个支持,也能够帮他们去拓展更多的门店,并帮助他们把门店连接得更紧密。经销商也很高兴,所以这家企业在拓展线下终端销售门店的时候速度很快。

最后,一个终端门店如果达到一定的销售额,到年底结算的时候厂家还会再奖励门店 5 万元,同时再奖励经销商 1 万元。有的读者可能会觉得这是一件成本很高的事,实际上成本并不高。笔者仔细核算过,做一个门头只有几千元的成本。即便终端门店没有卖该厂家的货,该厂家的门头在门店那里摆放一年,厂家也多了一个

免费的广告位置，厂家的投入成本才几千元。如果终端门店完成了销售额，到了年底会给他 5 万元的奖金，5 万元看起来又是一大笔支出，但实际上是因为终端门店已经帮厂家卖到了一定的销售额，门店已经帮厂家挣到了钱，所以厂家才给他 5 万元的奖金。

通过这样一个数字化平台，这样一种私域流量的聚集方式，这个电机厂家把终端消费者、终端零售门店、经销商都连接在了一起，形成了一个多方共赢的营销生态。

3.1.2 专家资源数字化

专家是非常宝贵的资源，把专家资源数字化能够为企业带来 IP 效应、知识传播效应、用户聚集效应等。

具有专家资源的行业很多，比如，设计师就是家居家装企业非常好的专家资源，医师是医院的专家资源，名厨是餐饮企业的专家资源。这些专家都拥有专业领域内的宝贵知识，有些也拥有自己的粉丝。

专家资源的数字化可以通过专家圈子、专家直播、专家课程等方式来实现。比如，专家通过数字化平台上的直播间来进行知识传授，专家吸引来的用户自然沉淀到企业的数字化平台上。专家在专家圈子中发布文章、语音、视频等内容，可以把专家的宝贵知识沉淀到数字化平台上，同时，用户还可以针对专家发布的内容进行提问和评论，专家也能够对用户的问题进行回答。在专家资源数字化方面做得比较好的是国内的一家儿童教育机构，机构中的每一位幼教都是自己平台上的一个"专家"，平均每位"专家"有数千位粉丝，其中一个"专家"拥有 60 多万粉丝。这些"专家"级的幼教在平台上发布各种幼儿教育知识，与宝宝的爸妈们进行互动，帮助他们解决儿童教育方面的各种难题。通过专家资源的数字化运营，这家儿童教育机构把线上成交的客单价从几十元提高了几千元。

此外，企业的数字化资源还包括企业的合作伙伴、产品资源、知识资源、IP 资源等，充分利用这些资源可以给企业带来巨大收益。

3.1.3 用户资源数字化

下面介绍一个用户资源数字化的例子——北京华秉科技有限公司运营的《数字化大咖说》。《数字化大咖说》是为了庆祝哈尔滨工业大学百年校庆、宣传哈尔滨工业大学所策划的一系列节目。其中，请了社会上近百位知名的大咖来讲"产业互联网"和"数字化转型"。《数字化大咖说》采用了线上视频直播的方式，让对数字化感兴趣的学者、企业家通过手机观看并参与到这个活动中来。在这个活动中,通过这些知名大咖的 IP 效应和他们的知识传播效应可吸引更多的人关注《数字化大咖说》,从而更好地宣传哈尔滨工业大学。

为什么采用线上视频直播而不是线下峰会的模式呢?线下需要租场地,需要把大咖们请到现场,还需要支付各种费用。来的人听完了就走,留不下什么信息。

但如果用数字化思维来运营,每一位大咖来讲的时候,所带来的流量都会沉淀在数字化平台上。随着 100 位大咖的讲演,《数字化大咖说》的流量越来越大,参与的人数越来越多。同时,资源其实是可以带动资源的:

- 著名大咖可以带动其他著名的大咖参与;
- 大咖们的 IP 效应可以带动用户参与;
- 更多的用户会让大咖们更愿意参与分享;
- 老用户还能让更多的新用户参与《数字化大咖说》。

《数字化大咖说》中请到的大咖包括国富资本的董事长熊焰老师、腾讯的前高级副总裁刘成敏老师、中环装备的首席科学家杜军老师、开心网的创始人程炳皓老师等。我们通过这种数字化视频直播的方式,降低了用户的参与门槛,低成本地覆盖到了更多的人群。比如,熊焰老师做了一个《5G 与数字经济——未来十年的财富密码》的直播,直播期间同时在线人数达到了 13 000 多人,非常火爆,好评如潮,很多人都私信给笔者说,熊焰老师讲得特别好。这仅仅是《数字化大咖说》的第一次直播,效果就这么好。以后《数字化大咖说》在每一次直播的时候,每一位老师都在上一位老师的用户基础上又进行了进一步的裂变和增长。这时候,不仅专家资源沉淀到了《数字化大咖说》的资源平台上,我们的观众——用户资源也聚集到了《数字化大咖说》的资源平台上。

前面提到,大咖资源是可以撬动大咖资源的。比如,有些大咖在《数字化大咖说》上发表演说了,就会有一些大咖也愿意跟他们肩并肩地演讲。用户资源是如何撬动大咖资源的呢?假设读者也是一个大咖,如果说现场只有 500 个人,可能您会觉得给多少钱都不值得去讲一次。但是如果有 50 万名企业家来听,您去不去讲?可能不给钱都会很愿意参加演讲。这就是通过用户资源撬动大咖资源。数字化平台上的资源之间是可以互相撬动的。但是如果不建立这种私域流量,不通过这种数字化方式,效果就很一般。

3.2 数字化会越来越重要

在 2018 年的统计中,数字经济在全国 GDP 中的占比是 34.8%。也就是说,超过三分之一的经济已经是数字化经济了。不知不觉中它已经占了中国经济总量的三分之一了（见图3-2）。

图 3-2　2008—2018 年中国数字经济总体规模及 GDP 占比情况
（数据来源：中国信通院；图片来源：中商产业研究院）

对于数字经济，很多人片面地认为它是互联网公司产出的，实际上对数字经济的生产总值贡献最大的主体恰恰是传统产业。图3-3展示了2018年我国数字经济结构构成情况。从图3-3中可以看出，在数字经济的整体构成中，产业数字化占了近80%。

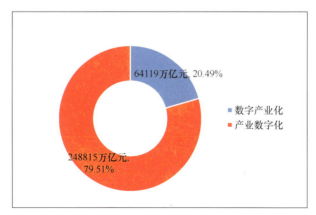

图 3-3　2018 年我国数字经济结构构成情况
（数据来源：中国信通院；图片来源：中商产业研究院）

如果一个企业家现在还对数字化经济视而不见，真的不知道他的企业未来应该如何运营了。

进入数字化时代后，很多企业为此进行了转型和升级。不仅包括一些传统企业，还包括互联网企业和通信企业。例如，华为在2019年已对企业使命重新进行了界定。过去华为的使命是"丰富人们的沟通生活"，现在华为的使命是"把数字世界带入每个人、每个家庭、每个组织，构建万物互联的智能世界"。

腾讯的董事长马化腾曾在各种场合宣传"产业互联网"。那什么是"产业互联网"呢？产业互联网其实就是用数字化方式与传统产业结合——产业资源数字化、商业链路数字化、流程数字化、营销数字化、产品及服务数字化等。"产业互联网"也是数字化时代的一个标签（见图3-4）。

图3-4　数字化时代的标签

再比如"私域流量"这个标签，私域流量就是把原来获客的方式改为数字化，用数字化方式运营用户。

数字化时代依赖的技术标签是什么？比如"云计算""物联网""5G""智能硬件""大数据""人工智能"等，还有"区块链"，作为企业家是不是要关注"区块链"？如果思维还停留在"区块链"只是炒作比特币之类"虚拟货币"的认知上，那么很遗憾地告诉您，您的思维已经落伍了。

第4章

数字化时代的商业价值原点

本书讲的私域流量要求以用户价值为核心，把每一个用户都当成一个超级 VIP 来运营。让用户感觉自己是超级 VIP，除了给用户尊重，还需要我们学会从用户的角度来思考。

4.1 通过宝洁看定位的变化

笔者毕业后进入腾讯工作的时候，腾讯请了非常资深的老师给新员工做品牌营销的内训，当时的内训课上，宝洁被当作品牌组合营销的一个经典案例来讲，那时的宝洁在组合营销方面做得非常优秀。

笔者当时的培训老师特别推崇宝洁，他说在商业领域里要想赚到高额的利润，通常需要做到"两个一"：

- 一个是"第一"，即要在行业里做成老大，做成市场占有率最大的那个；
- 另一个是"唯一"，即要做市场上的独一份，使用户想找其他可替代产品很难，这样企业的产品就是唯一的。

宝洁的优秀之处是把"第一"与"唯一"全做到了，因此，在 20 年前宝洁和联合利华两个企业几乎把整个中国的日化市场垄断了。那时宝洁只需要做好生产、定好价格、占好渠道，通过广告把产品定位"植入"消费者的心中，并通过产品定位的组合营销在市场上取得了成功。

然而，宝洁最近几年给人的印象是走下坡路了。笔者研究过宝洁的财报，2011～2018 年，它的财报显示收入和利润都在逐年下降。

下面一起分析一下，宝洁在 2011～2018 年遇到了什么问题。

宝洁洗发水的多品牌战略曾经非常成功，几乎推出的每一款产品都非常受用户的追捧和热爱，比如，飘柔主打"丝质柔滑"，海飞丝主打"清爽去屑"，潘婷主打"健康修复"，沙宣主打"专业时尚"。随着产品种类的不断变化，图 4-1 所示的飘柔产品上也写了"清爽去屑"，图 4-2 所示的海飞丝产品上也写了"丝质柔滑"。比较以前的产品定位，给用户的感觉好像是自己人和自己人抢生意了。

宝洁洗发水原来产品的定位是按功能细分，但是现在我们看到，它的功能定位有些乱了。从用户的角度思考的话，追求"丝质柔滑"的用户就没头屑了吗？追求"清爽去屑"的人就不追求"丝质柔滑"了吗？

在强调产品功能的时代可以按功能去细分。然而，在更加注重用户自身需求的时代，就需要按用户群需求来进行定位产品。虽然看到宝洁的洗发水产品做了一些调整，但是在它原有产品功能定位的垂直细分下做了调整，让消费者感觉略有一些混乱。

4.1 通过宝洁看定位的变化

图 4-1 飘柔   图 4-2 海飞丝

宝洁前几年的财报之所以会逐年下降，普遍认为它犯了这样几个错误，这些错误也是很多制造型企业经常犯的错误。

第一个问题是没有按照人群定位来设计产品。以往的生产企业都按产品功能定位进行垂直细分并组织生产经营。企业把产品生产出来后批发给经销商，经销商送货到终端店，终端店再卖给消费者。在这个过程中，生产企业和消费者是不连接的。按照4P理论来说，就是做好产品（Product）、定好价格（Price）、铺好渠道（Place）、做好宣传（Promotion）。生产企业做的是让消费者认可，抢占铺货渠道。

宝洁早年一直是这么做的，市场表现也一直不错。但是随着整个社会的商业环境的变化，以前的做法在市场上不那么灵了。现在的商业市场已经不是按照产品功能定位了，而是按照人群定位进行垂直细分。但是，宝洁的产品仍然坚持以前的功能定位。这就导致宝洁的产品逐渐背离了用户的市场需求，销量自然会下降。

这几年，很多人觉得定位理论失效了，实际上不是失效了，而是迁移了，从产品定位迁移到了人群定位。

第二个问题是宝洁与用户没有建立连接。以往的生产企业不需要和用户建立连接，但没有连接的时候，就无法及时准确地收到用户的反馈，很难感受到市场的变化。用户的反馈是数字化平台给企业贡献的一个很大的价值。用户的反馈能够让企业及时地把握到市场需求的变化，而宝洁就没有及时地得到用户的反馈。这造成洗手液和洗衣液出现的时候，宝洁应对市场的反应慢了好几年——刚出来洗手液、洗衣液的时候，宝洁甚至认为，用户不需要这些，这些是伪需求。这给其他品牌提供了一个崛起的机会，如蓝月亮品牌迅速发展壮大。

宝洁没有与用户建立连接，收不到用户的反馈，用今天的话说就是它没有自己的数字化平台，自然也没有自己的私域流量，因而很难大规模采集到用户的需求。

缺乏直接地了解用户需求的通道，会成为企业在数字化时代的致命弱点。虽然企业也可以通过市场调研这种间接的方式得到用户反馈，但这会造成企业了解市场慢了好几个节拍。

自2018年年底开始，宝洁积极地做出了一些调整，包括广告投放不再以功能定位让用户认可的方式进行宣传，而是增加了内容的趣味性和互动性，同时积极地和用户建立连接，及时地获取用户的反馈。通过对人群定位的调整，宝洁获得的收益非常可观，从2018年第四季度到2020年第一季度，收入和利润都获得了非常可喜的增长。

宝洁早年基于产品功能定位进行垂直细分的组合营销带来了非常大的收益，但随着市场环境的变化，宝洁的产品功能定位逐渐和市场背离，销售额和利润逐年下降。经过调整人群定位之后，销售额和利润就开始稳步回升。

4.2 商业核心价值的变化

垂直细分不再是基于产品功能，而是基于人群，相信大家对此已经有了深刻的理解。下面再看一个例子，看看用户和数据的重要性，并通过两个问题来思考解决办法。

4.2.1 商品服务时代的品牌力量

美国可口可乐公司前董事长罗伯特·士普·伍德鲁夫曾说："只要'可口可乐'这个品牌在，即使有一天，公司在大火中化为灰烬，那么第二天早上新闻媒体的头条消息就是各大银行争着向可口可乐公司贷款，让新的可口可乐公司迅速地在废墟上拔地而起。"由可口可乐的产品积累所带来的巨大的品牌力量可见，即便是一把火烧光了，也可以迅速重建。当我第一次听到这句话的时候，是非常震撼的。

在早年国产冰箱行业的产品质量都不是特别高的时候，海尔的特色是服务好。在产品质量都相差不是很多的情况下，海尔的服务好，售后服务好到让你没有后顾之忧，所以海尔迅速崛起。可口可乐、海尔的特点都是产品好、服务好，并在产品好、服务好的基础上建立了很强的品牌效应。

4.2.2 数字化时代的核心价值变迁

每一个时代都有不同的核心价值点。在上一个时代堪称商业核心价值的东西，在下一个时代可能就不重要了。在上一个时代不重要的东西,在下一个时代可能会变得至关重要。

4.3　数字化企业的核心价值

我们再思考一个问题,如果腾讯和百度的用户与数据都丢了,接下来会发生什么呢?比如说腾讯所有的微信数据、QQ 数据——包括所有的好友关系链、朋友之间的聊天信息等全丢了,或者阿里巴巴上所有的商品数据、商家数据、订单数据、用户数据等所有的记录都没了,会发生什么?你会觉得这对企业的打击是不可想象的。对于可口可乐、海尔来说,在 20 年前那个时代把用户数据丢了,影响会很大吗?肯定不会。在上一个时代影响不是那么大的因素在数字化时代变得非常核心。

在数字化时代,用户和数据是所有企业的价值原点,是最核心的东西。腾讯确实认识到了这一点。以前笔者在腾讯工作的时候知道关于数据备份的情况,一开始叫"两地三机房"——地震级容灾,比如这个城市发生地震了,腾讯在另外一个城市的机房还能正常给广大网民提供服务。

腾讯在贵州建了一个可以经受住更大破坏力的机房,因为用户和数据非常重要。

腾讯、阿里巴巴的核心价值是用户和数据,用户和数据是腾讯、阿里巴巴的价值原点。而可口可乐、海尔以前的核心价值是商品和服务以及其上建设的品牌,产品和服务是可口可乐、海尔的价值原点。对于数字化企业而言,用户和数据是一切价值的原点,这是和传统企业非常大的一个区别。

4.4　通过如家看实体连锁的用户赋能

下面我们再举一些实体企业的例子。连锁企业很多在招商加盟。招加盟商的时候,所有的加盟商都是投资人,让投资人加盟就得让人看到怎么赚钱。为此,招商的人反复地说品牌、企业的价值,告诉投资人加盟了他们就能赚钱。有些还不收加盟费,但有这么一家企业,它招商的时候进行了如下操作。

(1) 收加盟商几十万元到一百多万元的加盟费。

(2) 不收加盟商的物业费。

(3) 所有的运营工作由这家企业来管,加盟商不得插手。

加盟商不但要给招商者几十万元到一百多万元,运营的时候,还得靠边站,这样还能招到加盟商吗?按照一般的想法,很难招到加盟商。但是一个企业不但能招到商加盟,而且加盟商还得跟在招商经理的后面,小心翼翼地说:"您看我们符不符合要求?"这个企业就是如家。为什么这些加盟商会这么做呢?

如家为加盟商提供的价值

那么如家是怎么实现为加盟商赋能的呢?如家通过拥有用户掌握了核心经营价值,即用户的数字化运营能力。加盟商只要加盟了如家,就会给加盟商输送用户,输出门店管理经验。其实输出门店管理经验对于酒店来说不是最重要的,最重要的是如家能给加盟商带来客户,提高酒店的入住率,让加盟商赚到更多的钱,这才是最核心的价值。

对于未来的招商加盟,数字化用户运营能力会成为标配。有数字化用户运营能力的商家可让加盟店赚钱。没有数字化用户运营能力的商家在竞争上就没有优势。

4.5 用户和数据会带来持续的不对称优势

4.5.1 传统连锁企业的不对称优势很难维持

笔者的一个朋友在20世纪90年代创办了一家美容机构。该美容机构近30年来一直专注于物理减肥领域,是一个非常成功的减肥品牌。这家机构的一个独门绝活就是在对人的健康没有任何损害的情况下帮消费者减肥,而且能做到不反弹。在早期的一二十年里,这家机构具有非常大的不对称优势。这个不对称优势帮助这家机构迅速发展壮大,巅峰时期拥有1500多家门店。加盟商争先恐后加盟到这家机构。

但是,到了最近几年,这家机构就只剩300多家门店了。为什么拥有这么好的技术、这么好的品牌的企业反而会快速萎缩呢?当时这家机构拥有的技术确实非常先进,但是加盟商跟着学习了两三年之后,技术也学会了,管理流程也学会了。当这个技术不对称性不存在的时候,很多加盟商就挂了自己的牌子,或者即便挂这家机构的牌子,加盟商也不从它那里进货了,结果就导致现在的加盟商只剩300多家门店了。

相信很多企业遇到过这个问题,原因就是在数字化时代,传统企业以品牌、服务技术、流程以及供货为基础的不对称优势已经越来越微不足道了。

4.5.2 数字化连锁会带来更大的不对称

上面的例子中,这家美容机构已经做了近30年的减肥业务,但是之前的近30

年并没有积累用户数据。如果这家机构在每个城市的门店都留存了用户和数据，即便是有加盟商离开了，在当地也会有其他的加盟商迅速加盟。因为有客户、有数据之后，机构就能让加盟商加盟后，直接就有生意可做，迅速地赚到钱。对于一个找加盟的投资人，肯定更愿意加盟一个只要加盟就有客户、只要加盟就能赚钱的品牌企业。因此，数字化的连锁企业可以通过积累用户、积累数据来建立不对称优势，吸引加盟商加盟。

加盟商加盟的目的是赚钱，加盟商加盟的原因是赚钱能力不对称。

加盟商为什么愿意加盟连锁品牌？品牌企业招加盟商的目的是卖产品、卖服务，拓展企业的品牌。那加盟商加盟的目的是什么呢？ 加盟商是为了从品牌企业这里获得赚钱的能力。而这就需要品牌企业具有一个不对称优势，只有品牌企业的赚钱能力比加盟商强，加盟商才会愿意加盟。

品牌企业的不对称优势越大，加盟商就越离不开品牌企业。这个不对称优势体现在品牌、产品、管理等方面。但这些方面的不对称优势是随着时间的流逝而不断降低的。比如，如果加盟商的客源已经相对稳定，顾客都已经是熟客了，顾客对加盟商的认可已经不依赖于加盟商的店属于哪个品牌，企业的品牌无论多好，对于加盟商来说，它的价值都会缩减到很小，甚至可有可无。加盟商经营了三五年之后就基本掌握了产品优势、管理优势。即使品牌企业不停地推陈出新，也很难大幅度地保持这个优势。

但是，数字化企业完全不同。数字化企业的加盟商在企业的平台上存在的时间越久，不对称的优势就会越大。 因为数字化平台用得越久，沉淀在平台上的用户越多，沉淀在平台上的数据越多，也就是沉淀在平台上面的价值就会越大。加盟商一旦离开了数字化企业的平台，可能之前一年赚200万元，离开之后一年只能赚20万元，因此他自然不会离开。随着时间的推移，数字化的连锁能够使不对称优势越来越大。

4.5.3　餐饮连锁正在把不对称优势拱手送出

上面举了减肥行业中一个不重视用户的负面例子。另一个行业堪称实体行业的流量发动机，但对流量浪费是最大的，这个行业就是餐饮行业。很多互联网企业进入实体行业的时候，会从餐饮行业入手。原因就是餐饮企业一方面拥有巨大的用户流量，一方面又很不重视用户流量。餐饮企业觉得自己的店开在这里就有客户，而且一线城市的很多饭店到吃饭时间是需要排队就餐的，所以一些餐饮企业觉得自己不缺客户。

于是，一些互联网公司通过为餐饮企业提供一些免费的服务获得了大量的客户。这些实体企业把自己的用户和数据送给了平台型的互联网公司，也即把自己的不对称优势拱手送出，反而受制于平台型的互联网公司。餐饮企业作为实体行业的流量发动机，本身具备了很大的不对称优势，却把这种不对称优势很轻易地送给了互联网平台，正是因为缺乏建设数字化企业的思维，没有认识到在数字化时代，用户和数据才是企业的核心价值。

有些企业觉得花费十几万元、几十万元搭建自己的数字化平台成本很高，用某些互联网平台提供的免费的数字化系统也很好。这些数字化系统功能齐全，上面还有很多用户。表面上企业占了便宜，实际上却是用企业最核心、最值钱的用户在和别人交换，占小便宜吃大亏。

还有些企业觉得自己运营用户很累，若需要做运营，直接在互联网平台上推广就可以了，殊不知，互联网平台上的流量价格会被同行的需求不停地提高，在互联网平台上做运营也会蚕食掉企业的利润。

和平台类互联网公司合作的正确方式是花钱从平台买用户流量，而不是把自己的用户往互联网平台上送。

4.6 以用户和数据为原点的思维方式

企业在建立私域流量的时候，需要把企业的用户池建立起来，做用户的精细化运营，并挖掘用户和数据的价值。用户和数据是非常重要的，但用户和数据到底有多重要呢？我们如何才能从用户的角度来思考问题呢？

我们看谷歌以用户为原点思考问题并利用用户的力量来实现其商业价值的例子。谷歌曾经通过自然语言处理的方式进行一些手稿的文字识别工作。有些手稿中的文字比较潦草，通过算法很难识别，用人工识别需要很高的成本。于是，谷歌结合了用户使用的一个场景——输入验证码的场景来解决这个问题。对于把那些通过算法很难识别出来的文字，谷歌让用户进行人工识别并填入验证码输入框里面。谷歌通过这种方式，让全球几十亿的用户免费地帮它训练了文字识别算法，完成了它的手稿识别工作。

再看一个我们日常生活中都能接触到的例子。我们使用手机和计算机的时候都离不开汉字输入法。几十年前，微软进入我国之后为了满足市场需求，提供的系统必须支持汉字输入法，于是微软用了哈尔滨工业大学王晓龙教授开发的汉字输入法。

那时候的输入法与现在用的输入法相比体验不是很好，那时候的输入法比较难用，远不如现在的输入法的速度快。以前的输入法是用算法驱动的输入法，而现在所用的输入法有一个新的称呼——互联网输入法。现在的输入法所用的算法与几十年前的算法相比其实更简单。

但这两种输入法使用算法训练的过程有一个非常大的不同,王晓龙教授所在的实验室当时有 40 多人,由这 40 多人来标注素材库和训练输入法。而现在的一款互联网输入法是通过众的互联网用户参与训练的,假如有 2 亿用户使用了这款互联网输入法,就相当于有 2 亿的用户来共同训练输入法。2 亿人参与训练一个输入法和 40 多人参与训练一个输入法相比,效果肯定不一样。例如,用互联网输入法输入两三个字就能联想出来一句话了,输入效率非常高,为什么呢?因为在我们输入这句话之前已经有几十万人帮我们训练过这个输入法了。这两种输入法的核心区别不在于算法,而在于参与的用户数量的多少。互联网输入法以用户和数据为原点,有多少用户就有多少用户为这个输入法贡献数据,而几十年前的输入法只为用户提供了一个输入工具,并没有连接用户与从用户侧获得数据。

学会以用户和数据为原点来思考问题,不仅能省钱,还能赚钱。这两年很多企业通过运营私域流量实现了高增长、高利润。但私域流量不是把用户圈进企业的私有账户下这么简单,仅仅把用户圈进来是没用的。

把用户拉进企业微信群里或微信号里,其实只是建立私域流量的第一步,还称不上建立了私域流量。一个微信群从建立开始到它不活跃的周期一般不超过 3 天。如果建了一个微信群,3 天之后就不活跃了,这说明用户觉得企业建的这些微信群没有价值,企业的私域流量自然也没建立起来。我们需要让用户在微信群中活跃起来,让用户与企业建立连接,才能让用户觉得有价值,才能把企业的私域流量建立起来。而所有的这些都需要企业学会以用户和数据为原点来思考问题。

4.7 用户和数据是商业价值的原点

首先,在数字化时代,用户和数据才是商业价值的原点。

企业运营的一切思考都要从用户和数据出发。在数字化时代,企业的定位不再是基于产品的定位,而是基于人群的定位,为定位的人群提供更加满足他们个性化需求的产品和服务。商业价值的核心从卖产品、卖服务变更为运营人群(用户)。

然后,数字化时代的连锁店要"用能力去连、用资源去锁"。

连锁行业有一个说法,"连锁连锁,连而不锁"。老式的连锁店靠的是供货、培训、标准化管理等方式,而这些现在看来都不能成为"连住门店、锁住加盟商"的方式。加盟商加盟企业的目的是赚钱,加盟费购买的不是企业的产品和服务,而是赚钱的能力。当企业不再能够持续性地为加盟商提供更高的赚钱能力的时候,也就是加盟商和企业脱钩的时候。而数字化能够通过赋能让加盟商赚更多的钱,同时可以带来持续的不对称优势。前面讲的如家的例子中就是通过用户赋能、运营赋能、数据赋能等方式去连接各个门店和加盟商的，同时通过企业的规模优势所带来的资源优势去锁住各个加盟商。

最后，对于数字化的企业，加盟商加盟后赚钱的能力增强；对于没有数字化的企业，加盟商加盟后能不能赚钱，就不好说了。

注意

私域流量是企业的财富，但不是企业的财产。要学会用服务的心态去运营私域流量中的广大用户。

用户和数据不仅能提高企业当前业务的收入，还能够给企业带来更美好的未来。

笔者接触一家餐饮连锁企业，前些年陷入了亏损状态，这几年通过数字化方式建立了私域流量，把门店的日常客户聚集到数字化平台上，并对这些客户进行黏性运营，使客户留存在它的数字化平台上。然后，通过在线售卖爆款单品的方式赚钱，仅某个单品一年就卖了 6000 多万元钱。同时由于其平台上聚集了数百万的有购买记录的客户，它又开通了自有平台的外卖业务，摆脱了对大的外卖平台的依赖，并吸引了很多营业面积小的外卖店的加盟，进一步扩展了商业边界，总结看，某餐饮企业数字化转型布局如图 4-3 所示。

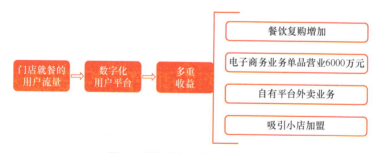

图 4-3　某餐饮企业数字化转型布局

在数字化时代，用户和数据是企业的商业价值原点。掌握了用户和数据的企业能够提高经济效益，提高竞争能力。而没有掌握用户和数据的企业将会被竞争对手所淘汰。值得庆幸的是，现在几乎所有的实体企业都认识到了用户和数据的重要性，并积极地开展数字化运营工作。

第二篇

拨云见日——
走出私域流量构建的五大误区

前面讲解了私域流量的重要性、价值原点及未来的趋势,但在构建私域流量的过程中经常会遇到哪些错误呢?接下来的几章将讲解如何走出私域流量构建的五大误区。

第5章

误区一：只赚吆喝不赚钱

误区一：只赚吆喝不赚钱

只赚吆喝不赚钱是很多商家在做数字化运营时最容易犯的错误，而且很多人还会美其名曰"有数量才有质量"。但笔者认为数量是必须要有的，质量同样不可或缺。

5.1 企业的长图营销

某化妆品企业有一个很知名的营销案例，在百度网站中搜索关键词"某化妆品企业 刷屏长图"，就可以搜到这个案例。这是某化妆品企业为"双十一"活动做的广告。内容展示的是在1931年的旧上海，一位身穿旗袍的美女走在大街上，街道上展示了20世纪30年代大上海的市井百态及风土人情，穿旗袍的美女打败了一个黑衣人"时间"，之后抛出了"某化妆品企业始于1931 陪你与时间作对"这个主题。这个广告策划的内容具有传播性、趣味性的特点。一经传出，在网上达到了8000万次的点击量，传播效果非常好。

如此火爆的点击量实际上给这个产品带来的销售额增长却微乎其微，为什么8000万次的点击量背后却销量不尽如人意呢？

通常我们做一次营销活动需要五大环节——内容生产、渠道投放、传播裂变、转化留存、连环运营（见图5-1）。

而要做好上面的五大环节，需要有一个数字化的平台进行承载和连接。

图5-1 一次营销活动需要的五大环节

从内容生产的角度来说，某化妆品企业广告的内容在传播性、趣味性上都非常好。渠道投放上某化妆品企业用100多万元钱找了18个KOL做宣传，广告初始的曝光效果很好，很快便被网友炒热了。之后传播裂变也非常好，这18个KOL覆盖的人群范围也很大，最后达到了8000万次点击效果。某化妆品企业的"刷屏长图"在"内容生产""渠道投放""传播裂变"3个环节都做得非常好。但是在"转化留存"方面，某化妆品企业的"刷屏长图"上并没有二维码、网址之类的"转化方式"，自然在"转化留存"环节会出现问题。没有"转化留存"自然也就谈不上"连环运营"。虽然有8000万次点击量，但是如何对这8000万次点击量背后的用户进行后续的运营便成了难题。造成这个问题的核心是某化妆品企业没有基于数字化私域流量的思维去制作广告，也没有数字化平台来做用户承载。某化妆品企业只是通过传统的曝光方式来做这种事情，没有按照数字化运营的引流、留存、连环运营方式来做。

5.2 故宫的文创营销

在品牌曝光及转化方面做得比较好的是故宫,它做的文创产品(包括皇帝、妃子等形象)都设计成"嘻哈"风格,很受年轻人喜爱并广为传播。最近几年,故宫文创产品的销售额翻了几十倍,达到了十几亿元,甚至超过了门票收入。我们印象中门票收入就是故宫的绝对收入,但故宫2018年全年门票收入是8亿元,而文创产品收入是15亿元。故宫之所以成功,它做的是基于IP打造的私域流量,并且利用资源优势,把自身价值不断地放大(图5-2展示了故宫文创IP打造及变现模型)。

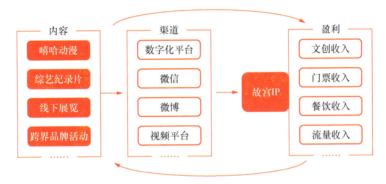

图 5-2 故宫文创 IP 打造及变现模型

故宫文创 IP 打造在内容上采用了嘻哈动漫、综艺纪录片、线下展览、跨界品牌活动等多种形式,通过自有的数字化平台、微博、微信以及在流行的各大长短视频平台中打造故宫 IP,然后通过售卖文创用品、给其他品牌导流等方式扩大了收入来源。例如,文创节目《上新了·故宫》通过和五粮液、某化妆品企业、小米等知名品牌合作,给这些品牌导流,其中小米耳机卖掉了 15 万对。同时,受益于曝光率的提高,2019 年春节期间故宫的门票收入同比增长 42%[①]。

5.3 活动运营流程画布及活动运营SOP

在做活动运营的时候,企业要有私域流量的思维,需要考虑品牌曝光成功后,如何把用户转化到自己的平台上,以及如何运营用户,从而产生后续的收入。这种用户的数字化运营需要一个数字化的资源平台,使用户资源有承载、有连接,这样才能够进行更好的用户转化,更好地连环运营企业产品。

---

① 有关故宫的数据来源于《中国经济周刊》对故宫博物院院长单霁翔的采访。

5.3.1 活动运营流程画布

在做活动运营的过程中，需要有整体的思考和设计。这里提供一个工具——活动运营流程画布（见图5-3）。

图5-3 活动运营流程画布

在活动设计环节，也就是活动策划环节，我们需要做下面几件事。

（1）确定活动背景，即进行用户分析、外部环境分析、内部资源分析、竞品分析。

（2）确定活动目的——或者拉新、促活、促销、品牌或者推广。我们前面讲的某化妆品企业的例子中主要目的就是品牌推广。作为一个老品牌，某化妆品企业在前些年已经走出大家的视野了，通过这次活动，它将影响力不断增大，重新走进了大家的视野。从品牌推广方面看，某化妆品企业是成功的，但如果从促销的目的看，就不算成功，还需要考虑如何设计一个方案来提升消费转化。

（3）确定活动形式，包括活动类型、活动内容、活动规则，还有活动主题。

在活动流程环节，我们需要做下面几件事。

（1）活动设置。比如进行商品设置、工具设置（包括用二维码怎么进行用户连接与转化）。

（2）活动推广。在渠道推广、推广用的物料方面，不仅包括实体的物料，还包括线上传播用的海报、宣传图,以及推广文案怎么设计、执行标准作业程序时各个岗位对应的推广话术。

(3)活动跟踪。只有用数字化的方式才能更好地跟踪活动成果,其中包括话术、数据、操作还有用户的反馈。

(4)活动总结。在活动过程中进行总结时一定注意,不是活动结束了才总结,而是实时进行总结。因为通过数字化方式来建立私域流量运营的时候,每时每刻都能够收到反馈,每时每刻都能看到数据,通过实时总结,能够迅速地对策略进行调整,不停地对活动进行迭代、优化。

5.3.2 活动运营SOP

标准作业程序(Standard Operation Procedure,SOP)就是将某一事件的标准操作步骤和要求以统一的格式描述出来,用来指导和规范日常的工作。SOP 的精髓是将细节进行量化,用更通俗的话来说,SOP 就是对某一程序中的关键控制点进行细化和量化。

做完流程画布,只完成了活动的数字化运营的一小部分工作。活动运营流程画布只是告诉我们,在策划、设计及活动过程中各环节应该如何做。要想运作一个效果良好的活动,很关键的一点是让企业内的各个角色都知道如何工作。对于一家全国有几百家店的连锁企业,面向店长和导购把整个活动的各个细节都宣讲一遍,仅仅在培训上就会花费大量的时间。

这就需要企业在做活动运营的时候,分角色、分岗位来制定 SOP。比如,A 角色的人干 1、2、3 三件事,B 角色的人干 4、5、6 三件事,C 角色的人干 7、8 两件事,把工作拆分给不同的角色,让每一个角色只需要关注自己在 SOP 上对应的那一小块工作就可以了。

做好 SOP 可以提高执行效率。

企业做活动运营的过程中,要让一线员工的工作足够简单,

尽量在总部解决复杂的工作,这样做 SOP 可以提高执行效率。假设一家有 1000 名一线导购的企业要做一个活动运营,这个事务由总部和终端店的一线员工来共同完成。当总部每个人的工作量是 5 的时候,一线终端店每个导购的工作量是 3。如果在总部由 3 个人来完成,则总部的工作量是 5×3=15,一线导购的总工作量是 3×1000=3000,总的工作量是 15+3000=3015。如果这个活动运营让总部做得更多,以降低一线导购的工作量,假设总部每个人的工作量增加了 10 倍,变成了 50,终端门店每个导购的工作量变成 2,则总部的工作量是 50×3=150,一线导购的工作量是 2×1000=2000,企业总的工作量是 150+2000=2150,与 3015 的工作量相比,降低了 865。很多连锁企业会遇到这样类似的事务,总部多做一点,就可以有效降低一线人员的工作量,例如,活动策划、流程规划由总部的几个人规划好,再通过工具的方

式赋能到各个终端店。导购所需要说的话术，也就是俗称的“口播”，最好不要超过20个字，这才是活动运营的高效率执行。

以上是连锁企业的例子，非连锁企业在做活动运营的时候也是同样的道理。一定让人数最多的角色做最少、最简单的事情，而让人数少的角色承担更多、更复杂的工作，这样才更容易成功。所以我们做流程画布的时候一定要遵循这个原则去设计（见图5-4）。

CGO训练营 Welcome To CGO Training Camp　　盈销商学院

数字化运营工具包 8　　数字化运营执行SOP

活动基础说明						
	活动目的					
	活动主题					
	活动周期					
任务		说明	详细内容	负责人	完成日期	是否已完成
系统设置（活动开始之前完成，准备时间1周左右）						
1	设置拼团活动商品（商品名称+商品详情图文介绍+商品价格+文案设置）	核心活动				
2	设置拼团活动（拼团活动时间+拼团人数）					
3	下载拼团活动二维码					
4	复制拼团活动链接					
活动推广（活动前3天完成）						
1	公众号文章（活动主题+活动价值+品牌介绍+福利说明+活动链接+二维码）	活动开始前_天发布，若有多个公众号可多号同步进行推广				
2	朋友圈海报（标题+副标题+风格+内容+二维码）	活动开始后每天进行分享				
3	朋友圈海报配合文案1					
	朋友圈海报配合文案2					
4	微信群链接	活动开始后每天进行分享				
5	微信群链接配合文案1					
6	微信群链接配合文案2					
7	好友链接	活动开始后，根据对方反馈定期分享				
8	好友链接配合文案1					
9	好友链接配合文案2					
10	门店海报设计（标题+副标题+风格+内容）	活动开始前门店就位				
11	门店海报印刷（可用电子海报）					
12	门店邀请活动话术					
活动启动之前，以上内容需要准备好，活动启动后，线上推广启动，全员进行推广分享						
活动跟踪						
1	意向会员跟踪话术-门店销售	活动启动后，对有意向会员的进行跟踪				
2	会员咨询跟踪话术-门店销售					
3	订单数据	活动基础数据				
4	参与活动数据					
5	会员关注数据					
6	会员注册数据					
7	到店数据					
8	活动核销	系统操作				
9	系统操作问题反馈	反馈信息				
10	会员活动反馈					
11	其他问题记录					
活动总结						
1	会员关注数据总数	成果数据				
2	会员注册数据总数					
3	参与活动数据					
4	活动订单数					
5	活动转化数					
6	活动投入成本	成本数据				
7	活动反馈、会员反馈	活动反馈				
8	活动反馈、门店反馈					
9	活动经验—优点	活动经验				
10	活动经验—可提升点					
11	后续活动计划方案	后续计划				

图5-4　设计流程画布要遵循的原则

5.4 活动运营的"6W3H模型"

在具体策划活动运营的时候，除了流程画布和 SOP 外，还有 9 个方面需要考虑。我们称这 9 个方面为"6W3H 模型"，如图 5-5 所示。

Want	目标是什么？	聚焦！聚焦！聚焦！
What	传播什么？	设计精美、内容有吸引力
Why	为什么能传播？	利他、利己
Where	场景和载体？	老带新、节日、公众号、易拉宝
Who	针对哪些角色？	目标受众、初始传播者、内部责任人
When	选择什么时机？	用户触点、错峰、周年庆……
How long	周期如何设定？	短时性活动或长期触点式营销
How much	需要多少资源？	预算、激励成本、人力投入、物料准备……
How to run	具体怎么落地？	行动计划、要有时间点、内部责任人、措施

图 5-5 活动运营的"6W3H 模型"

5.4.1 目标是什么

策划活动运营时首先要确定目标是什么（Want），是拉新（带来新用户）、促活（使用户活跃），还是曝光品牌？这非常重要，一定要聚焦目标。

如果想要曝光品牌，就让用户转发活动，而不卖商品；如果是搞促销，就要名正言顺地把促销推出来，告诉用户这个产品现在很便宜，这样用户自己购买或推荐别人去买的时候，很快知道这个产品超值。

在做活动运营的时候，不要既想着曝光品牌又想着促销，这两个是不兼容的。一定要聚焦于一个目标。比如，前文提到的某化妆品企业的"刷屏长图"，如果"刷屏长图"上面加了它在天猫旗舰店的宣传，就不会有多少用户愿意转发了。因为用户会把它当作一个广告，而广告是不会有多少人愿意转发的。

5.4.2 传播什么

第 2 步要考虑的是传播什么（What）。用户传播的是内容，而内容一定要有价值、有吸引力。比如某化妆品企业的"刷屏长图"为什么点击量那么高？因为它设计得很有情怀、有内容，让大家看了就很想传播。还有故宫的"嘻哈风"的那些文创产品，为什么大家很喜欢传播？因为其内容很有喜感，用户觉得很有意思。

5.4.3　为什么能传播

第 3 步要考虑的是用户为什么能传播（Why）。可以先思考一下自己的传播习惯，我们为什么会把一篇文章、一张海报或者其他有意思的信息发到朋友圈呢？无非两个目的，一个是"利他"，另一个是"利己"。所谓"利他"就是我们觉得把这个信息发出去，对别人是有好处的，能够给别人带来启发，这叫"利他"。还有一种是有利于塑造"我的价值"，或者说有助于表达"我的快乐"，有助于向别人展示我自己的另一面，这叫"利己"。

比如说，QQ 界面右下角的 QQ 秀就是一个展示自己的特别好的方式。现在很多用户喜欢在朋友圈晒自己吃了什么、玩了什么，这都是为了展示自己，这属于利己。

比如喜茶等很多网红品牌搞的"打卡"活动就利用了用户展示自己的心理需求，把网红品牌传播出去了。很多用户拿着一杯高颜值的奶茶做"打卡"，本质上表示自己很时尚。

5.4.4　场景和载体

第 4 步要考虑的是场景和载体（Where）。活动运营基于什么样的场景？通过什么样的载体去做？是通过门店、线上的"老带新"，还是通过线下的会销（在会场上讲课去卖）等？比如在门店场景下，通常基于活动海报、收银台的摆台、导购手上的活动信息或二维码等。常用的"老带新"中有一种模式叫分销奖励，就基于用户之间的沟通场景，以分销工具为载体向外传播。以社交电商云集为例，云集的会员在发现不错的商品的时候，会向周围的好友推荐（场景），之后通过云集的软件工具（载体）进行购买。选择场景和载体时，需要考虑活动的目的是什么、面向的群体是什么、如何去传播等。

5.4.5　针对哪些角色

第 5 步需要考虑的是针对哪些角色（Who）。做活动运营的时候需要选择人群，针对哪个人群进行营销，目标受众很重要。但另外两个角色也非常重要，一个是初始传播者，另一个是内部责任人。

初始传播者通常称为连接者，也就是帮助传播的人。初始传播者是一个非常重要的角色，若选对了，能够将传播路径迅速打开，把信息快速地传播出去。比如，对于某化妆品企业的"刷屏长图"就选了 18 个 KOL 帮助传播，这 18 个 KOL 就是初始传播者。

目标受众和初始传播者这两类角色都容易运营。内部责任人（做内部执行的人）这个角色也非常重要，他们的工作做在初始传播者之前。要想做好一个活动运营，一定要把内部责任人这个角色的责权利各方面定好，让他能够真正认可这个事情并认认真真地去完成这个事情。

5.4.6　选择什么时机

第 6 步要考虑的是选择什么时机（When）。时机就是选择在什么时候推出活动，比如固定的节假日、特定行业的消费高峰（如医美行业的三四月份）。此外，企业的周年庆是比较常用的一个宣传时机。一般在品牌不够强大并且时间点上争夺很激烈的情况下，可以考虑和别人错峰营销。例如，一些不够强大的品牌在"双十一"期间选择做活动，成本就会很高。

即便是最简单的发布微信朋友圈做宣传，也是有时机的。据调查，有最好的两个时间节点。一个是中午 12 点到下午 1 点，另一个是晚上 8 点到 10 点，这两个时间段的效果最好。如某医美连锁企业在做"老带新"营销的时候，一开始只要求员工不定时发朋友圈，后来每天中午 12 点和晚上 8 点让员工把活动海报分享到微信朋友圈。对比发现，后者的效果比前者好了很多。

5.4.7　周期如何设定

第 7 步需要考虑活动周期（How long）如何设定。活动周期非常重要，把短周期活动做成长周期活动就会导致用户审美疲劳，对后续活动的参与意愿降低；若把长周期活动做成短周期活动，则其优势还没有发挥出来，活动就结束了，投入的资源就浪费掉了。

对于时间周期，举一个发朋友圈的简单例子，发朋友圈的影响周期是 2～3 小时，一般不会超过 6 小时。也就是说，很多人看朋友圈的时候很难看到 6 小时以前的信息。对于一个活动，如果你在一天内每间隔 6 小时发一次朋友圈，通常不会对浏览你朋友圈的好友造成过多的干扰，因为重复信息相对较少。

5.4.8　需要多少资源

第 8 步需要考虑的是需要多少（How much）资源，例如预算是多少，资源怎么获得，投入多少人力，准备多少物料等。资源、人力、物料这些一般都需要经费。

在预算有限的前提下，活动策划人员要学会挖掘资源。在思考需要哪些资源的时候，推荐一种方法——找一张白纸（或者白板），把已有的资源列在左边，把想要完成的目标列在右边。左边的资源可能包括产品资源、人脉资源、渠道资源、知识资源、专家资源等。然后看左边哪些资源有助于达成右边的目标，并在对应资源和目标之间画上一条线。有些资源不能够直接达成目标，但可通过资源延伸或者置换的方式来达成目标。

5.4.9 具体怎么落地

第9步需要考虑的是具体如何落地（How to run）。前面的步骤策划好了，"6W3H"模型中就完成了"6W2H"，剩下最核心的一个H——具体怎么落地，这包括计划、时间点、责任人、措施。

例如，策划好了"三八"节主题的活动，如果想顺利地实施，就需要考虑这些因素：

- 在"三八"节前几天开始启动宣传？
- 总部哪些人负责？终端店哪些人负责？
- 每个职责的人具体负责哪些工作？
- 如何保证人员能够很好地工作？
- 工作人员考核的要素和节点是什么？
- 奖惩机制是什么？

......

在落地执行上，指定责任人是最重要的。做过管理的读者都知道，只有把一件事情落实到了具体的某一个人上，才能够很好地完成。薪太软的董事长杨鹏博在讲企业执行力时，曾经讲过这样一个场景故事：如果一个女士在大街上遇到了歹徒，她应该怎么向周围的人求助？是直接向所有人喊"救命"，还是针对某个人喊"救命"？哪个更容易获得帮助？答案是针对某个人喊，例如，向穿着蓝衣服的大哥喊"救命"。原因是更有针对性。当向所有人喊"救命"的时候，所有人都会觉得这不是自己的责任，可能会期待别人去帮助。企业在活动运营中进行分配任务的时候也是一样的，每一个环节都需要指定一个责任人。

在做活动运营的时候，"6W3H"这九大方面都是需要我们详细斟酌的。具体的执行落地方法会在本书第四篇中详细讲解。

第6章

误区二：养大的孩子送别人

第6章 误区二：养大的孩子送别人

私域流量就如同我们辛辛苦苦养大的孩子，而有些商家却把自己的私域流量送给别人，这正如将自己养大的孩子送给了别人。

6.1 与平台合作的正确方式

举一个例子，某餐饮连锁企业的老板很精通企业经营。他经营的是快餐连锁企业，不仅是快餐连锁百强，还是餐饮行业百强。在百强餐饮企业里边，它有两个"最"。第一，它是百强餐饮企业里边门店数量最少的。我们都知道门店数量越多，企业销售额越多，越容易成为百强，但它是门店数量最少的，这说明它的单店盈利能力非常强。第二，它是饿了么和美团平台上在北京城区外卖订单数量最多的。在2014年的时候，它曾经陷入经营困境，但是抓住了外卖这个趋势，迅速地做大做强，进而变成了百强餐饮。

这家连锁餐饮企业最早从北京永定门的电烤串做起，后来增加了馄饨，再到现在的快餐连锁。

笔者某日中午去该店吃饭的时候，看到正在进行20周年庆的活动，平时18元的馄饨卖9元，平时10元/3串的羊肉串卖5元/3串。笔者一看，这活动很有吸引力，立刻决定要二者兼得。但是要想享受这个优惠活动只能下载某平台上的App，在该App里面购买才行。

笔者当时就觉得吃惊，为什么用户已经到店里了，享受这种促销活动非要到某平台上的App呢？

笔者猜测，这家连锁企业的老板从2014年到现在获得了外卖平台崛起的红利，觉得靠平台可以挣钱，所以就觉得平台是非常不错的。平台上边有千万级的用户，但上面还有百万级的商家。用户今天买你家的东西了，明天在平台上看到别人家的商品好，可能就买别人家的了。

笔者以往中午的时候都用最快的速度、最简单的方式"解决"午餐，只要中午在公司，几乎都去一家饭店吃饭。但后来下载了某平台的App（见图6-1）之后，发现除了这家，周围还有其他几家也在搞优惠活动，这样就被平台导流到了竞争对手那里。

在上述例子中，这家店把自己忠实的用户送给了平台，也就是把私域流量送给了公域流量，我们称这种行为是"养大的孩子送别人"。

那么商家是不是就不和平台合作了呢？肯定要合作，平台可以帮助引流，与平台合作的正确方式是从平台引流量（如花钱购买流量），要把从公域流量中引过来的流量变成自己的私域流量，而不是把自己的流量送给平台。

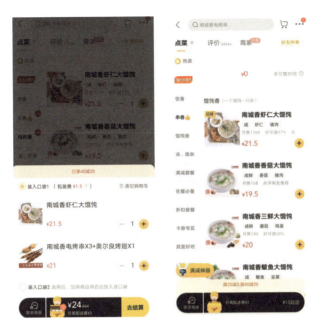

图 6-1　某平台的 App

在平台上吸引公域流量中的用户的时候，平台上竞争对手众多，且用户比价方便，导致利润很难做高，但企业又往往离不开平台上的流量。从平台上引流，成本高，没有利润；若不从平台上引流，生意就会少。这个矛盾怎么解决呢？这就需要企业做好自己的品类设计，提高客户的转化能力和企业的盈利能力。

6.2　实现企业盈利的三大品类设计与品类设计的要求

上面提及的餐饮连锁企业的第一个错误是把自己的私域流量送给了平台，第二个错误是用"电烤串""馄饨"这两个招牌产品来引流。这是绝大多数企业经常犯的错误。

很多企业老板认为要将最喜欢的产品拿出来吸引用户，笔者认为这是不正确的。将自己最有价值的东西拿出来分给别人，这并不是真正的商业行为。我们在做企业私域流量引流的时候，一定要设计三大品类：

- 引流型产品；
- 价值型产品；

- 利润型产品。

6.2.1 引流型产品

顾名思义，引流型产品就是引流拓客用的产品。利用这个产品将公域流量中的流量引到私域流量里边。这就相当于将河里的水引到自己家的池塘里面。

引流型产品通常是可以"快速比价"的，而且一定是性价比高的，价格便宜、成本低的。用户能迅速地判断出你的产品的价格，判断出是否划算，这就是快速比价。

引流型产品既要让用户觉得很赚，对于企业来说又要成本不那么高。例如，给每个消费者送一部手机，消费者肯定愿意来买东西。但是用户购买的产品的利润是否能够涵盖所送的手机的成本呢？相信对于大部分零售服务型企业来说，这是不可接受的。所以做引流型产品既要让用户觉得有价值，又要成本相对较低。

6.2.2 价值型产品

通过引流型产品引来用户后，还要想办法留住用户，别让用户流失掉。通过用户认可的价值型产品，留住用户，并使用户成为企业的忠实用户。

价值型产品既要能够让企业的用户比较方便地感受到价值，又要具备一定的购买频率。

价值型产品需要具备用户很容易感受到的价值，无论是产品还是服务，都要有很直观的价值体现。比如德州倚品扒鸡的口感很好，让不爱吃鸡的人都喜欢上了吃鸡，这种好的产品口感就是一种非常直观的且能够快速感受到的价值。再比如健合推拿的"肩颈大师"项目，对于肩颈比较劳累的上班族来说，每次做完这个项目都感觉肩颈非常舒服，这种优质服务也是让用户感受到的价值。从企业的角度来说，投入的成本越高，往往提供的产品或服务越好，但对于用户来说，肯定希望花的钱越少越好。

这个问题怎么解决呢？L.D.迈尔斯在《价值分析》一书中提出，人们购买的不是产品本身，而是产品的功能。在满足功能的前提下，肯定价格越低越好，这就需要把成本做低。在价值工程中，价值=功能/成本。例如30多年前，小轿车的轮胎是三层线的，后来通过价值工程发现，小轿车的轮胎普遍年限到了而未磨损，因此二层线也是可以满足需求的。现在市场上的小轿车轮胎普遍是二层线的，成本比三层线低了很多，价格自然也就下来了。消费者在满足同样功能需求的情况下，花的钱少了，价值自然就突出了。但如果是一层线的轮胎呢？是不是成本更低、价格更低呢？二层线是交叉成网状的，这样可以保证轮胎的力学性能，而一层线则很容易出现轮胎破裂的情况。我们在设计产品价值的时候，应在保证质量、满足用户的功能需求的情况下尽可能地降低成本，而不是罔顾质量，伤害消费者。

价值型产品还需要具有一定的购买频率，这样才能让客户持续地记住企业的品牌。例如，手机的换机频率一般是 18 个月，虽然购买频率低，但因为天天使用，所以消费者会一直记住品牌。哈尔滨工业大学的一个校友曾经创建过生产特种电容的企业，产品质量特别好，口碑也很好，但企业的经营情况一直不好，复购率不高。后来，企业都快关门时有一个下游企业过来买电容。这家企业之前买的电容用了 30 年没坏，觉得该企业的电容质量是全国最好的，还要继续购买。跨越 30 年的周期，下游企业客户费了很大的劲才找到这家企业。电容这类产品就很难形成客户黏性，因为复购周期太长了。

6.2.3 利润型产品

通过前两个品类可以引来并留住客户，但企业从事商业活动的最终目的是盈利。因此，企业还应该有利润型产品。企业有了利润，才有能力为用户提供更好的服务，才有能力在产品、模式、服务各方面升级。

利润型产品往往是具有一定竞争优势和相对独特价值的产品或服务，如具有核心技术壁垒的产品、业内独一无二的产品等。比如对于很多医美行业的整形医院来说，美白针、水光针等都是引流型产品，而鼻部微整、眼部微整才是利润型产品，因为微整手术是具备一定技术壁垒的，好的医师和普通的医师在手术水平上可能会相差较大。再比如一些手机品牌，千元智能机往往突出高性价比，而旗舰机往往是利润型产品。

企业要赢利，应有最基本的三大品类——引流型产品、价值型产品和利润型产品，它们往往缺一不可。

6.2.4 品类设计的要点

品类设计的要点如下。

（1）引流型产品不一定是企业自己的产品，但一定是面向同一个目标用户群的产品。

有些企业会觉得自己的产品组合里好像没有适用于引流的产品，都是价值型和利润型的，那么是否需要再开发一个产品用来引流呢？这就需要跳出以"产品和服务"为核心的这种思维。从前的商业都是从"产品和服务"的角度来考虑的，但是今天的商业要从"用户和数据"的角度来思考了。企业的引流型产品不一定是企业自己的，只要符合目标用户群的需求就可以。

例如，据调查发现购买户外装备的用户大多是对生活品质有追求的人，这些有生活品质追求的人在出差或旅游时往往自己携带日常用品。某个知名体育品牌便抓住这一点，设计了一个小巧的旅行装备包，里边有床单、毛巾、牙膏、牙刷、沐浴露、洗发水等出差或旅游所需的产品，而且设计得非常精巧，体积很小，携带很轻便。一经推出，该产品就受到了用户的欢迎。这个体育品牌就是用这个产品来向自己的目标用户做引流的，吸引了很多高质量客户，从而将主流的价值型产品（户外装备）卖得很好，这是一种典型的面向用户群需求的引流方式。

（2）欺骗用户的引流方式只会得不偿失。

引流型产品不一定是企业自己的，但一定要符合企业的目标用户群的需求，并且引流型产品一定是真正有价值的，一定不能有欺骗行为。

比如，某企业用某些"傍大牌"的白酒作为引流型产品，面向用户进行营销活动。这些"傍大牌"的白酒在电商平台上售价很贵，看起来很好，结果用户饮用后发现其品质并不符合它的售价，这就是典型的欺骗客户行为。

再比如，办会员卡的活动，其活动是"会员在会员卡里充 3000 元送价值 5000 元的饮水机""充 3000 元送价值 5000 元的扫地机器人"。用户购买饮水机、扫地机器人后很快就出现了质量问题，这违背了引流原则。引流型产品不是用来忽悠客户的，而应真正给用户提供价值，而不是搞一些噱头把用户忽悠过来。用户只会被欺骗一时不会被欺骗一世，影响了口碑会得不偿失。所以引流型产品一定是物美价廉的、能够让用户快速比价的、真正质量好的产品。

6.3 产品运营的五大能力

在做用户数字化运营的时候，如何让用户产生黏性和价值，很多时候依赖于产品与服务。本节介绍产品运营方面的五大能力。

6.3.1 爆品运营能力

爆品运营现在是一个特别重要的能力，能够创造出新运营模式，吸引大量的用户。据调查，在 2019 年市场上出现了 1 亿多种零售新品。在这么庞大而复杂的产品中，企业的产品想要脱颖而出，需要企业有很强的爆品运营能力。

在爆品设计方面，一种错误的想法是面对的人群越广越好。但做爆品设计的时候针对的人群越少越好，市场越细分越好，因为这样才能抓住这个人群的痛点。例如，有一款食品叫月子鸡，它主要针对产妇，但其他人群便会认为这款产品所具有的营养价值，同样适用于非产妇。"月子"会让人们联想到绿色、生态等关键词，从而去购买。设计爆品的时候主要针对一个具体人群，真正在细小的人群里面把口碑建立起来后，是可以驱动一个大市场的。这就是爆品的运营方法——从点到面，找到一个细小的点并打透，带动整个产品面的爆发。

6.3.2 长尾运营能力

长尾运营如果做好了，往往可以带来更高的利润。虽然现在有人认为长尾已死，但爆品的利润往往来自巨大的数量。通过爆品运营引来的用户流量，除了为下一款爆品的打造做准备，还可以通过长尾运营引导用户购买爆品之外的更多产品，以实现更大的盈利能力。以小米为例，小米打造了小米手机这个爆品，同时也生产了小米笔记本、小米电视机、小米家居等，它通过一个生态型的产品体系实现了更大的盈利能力。

6.3.3 组合运营能力

产品如何组合和定价？每个不同的产品组合包里面的产品构成是什么样的？哪些产品是主要销售的产品？哪些是辅助销售的产品？这个产品组合的策略是怎么样的？以销售厨具为例，主打产品是锅，辅助的产品就不能是相同功能的锅了。但可以组合不同功能的锅，也可以是锅与其他厨房产品的组合。如果产品组合里面的产品是类似的，这样的组合就是失败的组合，要有主、有次、有辅，这样才能够让用户觉得这个产品组合是有价值的，每一个环节和每一个组合都能够使用户感觉到很实用。同时在组合时需要考虑，哪些是吸引用户的，哪些是提高利润的。

比如京东平台上某个厨具品牌推出的"炒锅 + 汤锅 + 木铲"的组合中，主打产品是炒锅，单独售卖的销量大、售价高，次售产品是汤锅，平时的销量小、售价低，辅助销售的产品是木铲，注重环保健康，基本算是赠品。通过这样的组合，利用炒锅带动一些可能没想要买汤锅但家里没有汤锅的用户的购买。同时，和其他品牌相比，消费者比单独购买一个炒锅多支出一点点钱的情况下，还能多得到一个汤锅，这也可以促进炒锅的销售。

6.3.4 品类黏性运营能力

品类的黏性运营分成单品类运营和品类间循环运营。

1. 单品类运营

单品类运营的目的是提高单品类商品/服务的销售额。在提高销售额方面，有3

个重要的指标——购买人数、复购人数、商品单价。有些品类本身的属性就决定了购买频率很低，例如汽车、房产、家装，它们在进行单品类运营的时候就需要努力地提高购买人数；熟食、水果、蔬菜、零食这些商品单价不高，但购买频率比较高，就需要努力地提高复购人数；酒、茶、美妆等需要努力提高品牌知名度以提高商品单价。

在提高复购方面需要做的事情包括以下几个方面。

（1）通过高频复购的触发（例如，德州倚品扒鸡的新人大礼包会给用户发不同时段使用的优惠券），让用户频繁购买。

（2）通过品类的使用场景的拓展和品类消费生命周期的延长提高复购率。例如，幸福西饼把蛋糕从生日蛋糕拓展到下午茶蛋糕和儿童蛋糕（零食）这两个品类，极高地提升了老客户的复购率。

（3）"沉睡"的老客户的唤醒和召回。随着企业经营活动的开展，"沉睡"的老客户会越来越多，这部分老客户也是企业非常重要的资源。例如，某医美机构中，"沉睡"客户有 100 多万人，而每天看到广告并能够到店的客户不过千人左右。

2. 品类间循环运营

品类间循环运营的目的是提高品类间的渗透率，带动不同品类的销售增长。比如某熟食店，除了扒鸡还有卤肉、豆制品。进行品类间循环运营后，用户在买豆制品时，送买扒鸡的积分，这个积分在买扒鸡的时候可以抵现；用户买扒鸡时送豆制品的积分，买豆制品的时候可以抵现，这就是品类间循环运营。用户便会认为买了豆制品再买扒鸡很划算，买了扒鸡再买豆制品同样也很划算。让用户感觉一直都有便宜可占，然后不停地购买，这叫品类间黏性运营。

如果用户买 A 产品，就送 A 产品的积分，用户下次又买 A 产品，A 产品的利润就会减少。让用户在品类间循环起来，增大购买力，这样才能盈利更多。

6.3.5 产品价值运营能力

产品价值运营是一个很核心的能力，包括如何进行内容运营及口碑运营，如何塑造用户的评论，以及产品本身的价值定位。在以前，定位理论是根据产品功能进行定位的，数字化时代是基于人群进行定位的。定位理论仍然有效，只是设计产品的时候要记得是基于人群定位的。第四篇会详细讲解产品的价值运营能力。

第 7 章

误区三：黑熊掰苞米

第7章 误区三：黑熊掰苞米

"笨黑熊掰苞米，掰一穗丢一穗"是一个地方的歇后语，其中，苞米就是玉米。据说黑熊在掰苞米时，掰一穗苞米夹在腋窝里，再掰下一穗苞米，又夹在腋窝里。其实当它抬起胳膊准备掰第二穗苞米时，第一穗苞米就掉下了。所以，无论它掰掉多少穗苞米，最后都只能剩下一穗苞米，没有积累性。

7.1 无积累的原因及如何避免

很多企业在做私域流量运营的时候容易犯的错误就是无积累，即没有将流量积攒起来，变成真正的私域流量。一次笔者在哈尔滨工业大学的总裁班讲课的时候，一家做零售的上市企业的老板提出了他所遇到的疑惑：做了好几年的营销活动，企业员工的执行力很强，活动策划的创新性也很好，团队经验也很丰富，即便如此，他们仍然感觉每次搞活动都很累，活动参与的用户人数也是起起伏伏，没有一个好的增长。以他们的一个分支机构来说，某次活动可能有500人参加，后面的活动可能有300人参加，每次活动的人数也没多少增加，甚至还出现了下降趋势。这种情况比较典型，笔者详细询问了该企业的一些情况，分析出了以下原因。

1. 活动没有积累性

每次做活动都会引来一些用户流量，但没有把这些引流来的用户很好地沉淀下来。参与活动的用户可能留了姓名和电话，也有的人加了公司的微信公众号或关注了公司的公众号，但用户以后是否删除了尚属未知。下次企业做活动还要招集新用户参与，还得重新引流。

对用户要有积累性，把每一次活动引来的客户都沉淀下来，并且能够想法让沉淀下来的用户为后续活动带来更多的新用户。比如一次活动引来了500人，让这500人成为下次活动的种子用户，这样才能使一次活动比一次活动参与的人多。

2. 活动不持续

以会员日为例，很多企业认为会员日就是给会员优惠，让会员感受到特权。但很多企业不理解会员日的本质，笔者在"盈利增长训练营"课程的会员制体系建设中讲过，会员日真正的目的并非为会员提供优惠，而是通过规律性的品牌刺激加强用户对企业的品牌认知。

持续性、规律性的活动会带来如下好处。

（1）日期规律便于记忆。

设定固定的时期，做规律性的品牌刺激，加强对此品牌的认知。让用户在固定的时间能够条件反射似的想起企业的品牌，这样才达到了会员日活动的核心目的。

因此，企业在设计会员日的时候，一定要选目标用户更容易记住的时间周期。如果企业的目标用户群是上班人群，把一周中的某一天设为会员日，例如"每周三会员日""疯狂星期二"类似的设计就很容易记住。如果面向非上班族的老年人群，每月1号作为会员日可能会被该人群记住。

不要搞每月第二周周几之类的日期，这很难被用户记住。另外，也不要搞类似"周二打八折、周三打七折"这种一个周期内好几个优惠的活动，这反而会冲淡用户的记忆。

（2）连续刺激加深记忆。

既然会员日是有规律的、连续的刺激，那么搞会员日就不能这个月做一次，下个月就没有了，或者全年就只有一个月是会员日。做会员日活动一定要保证活动的持续性，比如每周二都做门店直播，或者每周四都有秒杀，或者每天晚上几点之后清仓。比如钱大妈提出的"不卖隔夜肉"理念，每天晚上到点就降价出清，因此用户对此品牌就会产生强烈的认知。

3. 没有整体规划

上面这家企业犯的另外一个错误就是活动之间没有关联性，也没有继承关系，即没做整体规划。一般来讲，一个大活动开始之前通常有三四个小活动围绕着它去做。针对不同人群，将气氛烘托起来，然后推出主活动。另外，活动之间不能有"价值冲突"，比如，不能搞今天"满300减100"、后天"满200减100"这种活动。否则，前面参加"满300减100"活动的用户就觉得自己亏了。若产生"价值冲突"，会让用户对企业失去信任。比较好的一种方式是提前一年或半年做好活动的整体规划，每个月要做什么样的活动、要做哪些类型的活动、各个活动之间的配合关系等，做一个系统的规划。

这个企业犯了上面一系列的错误，虽然每次活动都花费了大量的精力，但没有通过数字化运营的方式把用户沉淀下来，并进行精细化的运营。因此，我们称之为"黑熊掰苞米，掰一穗丢一穗"。企业家一定不要学黑熊，一定要把私域流量做好。

7.2 《数字化大咖说》的系列运营

以哈尔滨工业大学百年校庆的《数字化大咖说》活动为例，本节介绍怎样才能把系列活动做好，让用户越来越多。

《数字化大咖说》请了百名大咖来讲产业互联网和数字化。这百名大咖里有院士、高校的校长和院长、著名企业家、明星企业的创始人等。每位大咖主持一场活动，也就是说，有100次活动。每次活动通过线上视频直播的方式免费让对产业互联网感兴趣的观众观看。在观看的过程中，用户自然而然就积累到了《数字化大咖说》的数字化平台上了。

如果做100场活动，每次都有几百人参加这些线下活动，可以计算出一共是几万人次的规模。若只是统计一下人数，那么这个活动的价值是没有充分发挥出来的。但是，如果每做一次活动都能把参与活动的用户沉淀到数字化平台上，并且在每次活动中都能通过这些已有的用户带来更多的新用户，那么随着活动数量的增多，用户的数量也会不断增多。按照目前的用户增长速度预计，《数字化大咖说》最后的参与人数能够达到几百万人次。

我们做用户运营的时候，一定不能学黑熊掰苞米，要有累积资源的思维，将整个活动中沉淀的专家资源、用户资源等都放到自己的数字化平台上并变成私域流量。之后将它精细化运营，让这些资源发挥出更大价值。

7.3 连环运营才能将用户积累最大化

要想做好用户活动运营，一定要做连环运营，因为只有连环运营才能够把价值最大化。

读过《三国演义》的读者都知道王允采用的"连环计"。先使用"美人计"，让吕布和董卓都喜欢上了貂蝉，然后再利用"离间计"让董卓和自己手下的头号战将吕布产生罅隙，最终借吕布之手除掉了奸臣董卓。

没兵、没钱并且一筹莫展的王允在这个故事的每一步操作中都积累了新的"资源"，通过一系列的连环"运营"，最终完成了一件几乎不可能完成的任务。

在做用户活动运营的过程中，我们也要学会每一步都要积累资源，然后利用资源去撬动更多的新资源，这样才能越做越强、越做越大。

7.4 如何利用积木塔做好连环运营

7.4.1 活动运营利器——连环运营积木塔

很多读者觉得连环运营是一件很难做的事情。其实连环运营并不是很难，笔者推荐一个很好用的工具——连环运营积木塔。这个积木塔分成几个部分，如图7-1所示。

1. 引流拓客

引流拓客活动目的就是把用户吸引过来，这一部分活动的门槛要低，让用户容易参加。比如可以通过"分裂红包"来引流——顾客在商家购买了某种产品后，商家给顾客发 6 个红包，每个红包 5 元，其中顾客自己只能用一个，其他红包需要发给另外 5 个好友，这就引来了 5 个客户。比如拼团活动，用户主动拉几个好友拼团购买，就会引来更多新客源。还有老带新的裂变、分裂优惠券等可以作为第一层级的引流拓客的方法。

图 7-1　连环运营积木塔

2. 价值塑造

引流拓客之后，需要进一步对用户进行运营。在价值塑造环节可以通过实体店直播、圈子社区、客户见证这些方式将价值塑造给客户，让客户明白企业的优点、价值主张等，这些都是价值塑造。

3. 消费转化

价值塑造完成后，需要降低用户购买的心理门槛，促进购买。例如，在销售环节可以通过设置福利产品、发放优惠券等方式促进用户购买。

4. 成交运营

用户购买了企业的产品和服务是和企业建立连接的开始。

通过"购买后跟随"这种运营方式，提高用户的复购率，让用户带来更多新客户。

根据连环运营积木塔，从引流拓客、价值塑造、消费转化再到成交运营，对用户进行层层运营，每一步都要做好用户裂变并提高商品成交转化率，进而收到更好的运营效果。

7.4.2　连环运营积木塔的几个应用案例

1.《数字化大咖说》的连环运营

接下来我们以《数字化大咖说》为例讲解一下如何应用连环运营积木塔。

1）拓客引流阶段

通过大 IP 的免费直播引流。国富资本的董事长熊焰老师、腾讯前高级副总裁刘成敏老师、开心网的创始人程炳皓老师、中环装备的首席科学家杜军老师都是自带流量的 IP，也是非常有影响力的专家。很多人想通过直播听他们的分享，这样自然就吸引了很多人报名参加。

此外,还有些人觉得看直播不够过瘾,想参加线下活动并和老师面对面交流。为此,《数字化大咖说》给出了少量线下参会名额,那些认同《数字化大咖说》品牌的并且通过老带新等方式带来更多新用户的人可以获得线下听课的机会。比如,某一场活动采用的就是推荐其他人报名《数字化大咖说》的方式,推荐的人数在前20名的就可以获得到线下听课的机会。

2)价值塑造阶段

这部分主要依赖大咖讲的内容。直播过程中,"干货"内容非常多,因此会吸引更多的人观看,这也是一种裂变。以首秀的熊焰老师为例,晚上8点刚开始讲的时候,观看人数大概有1000多,到了快讲完的时候,已经达到了1.3万。因为讲演内容高屋建瓴、深入浅出,让人备受启发,所以很多人在直播过程中推荐给了更多的人。例如,一个上市公司的CTO在微信上跟笔者说,感谢笔者向他推荐视频直播。他说,熊焰老师讲得太好了,深入浅出,让他非常受启发。用户在对这种内容认可的过程中会自然而然地将其传播出去。

此外,一些新进来的用户对《数字化大咖说》不了解,因此要通过圈子社区展示各个专家的风采,以及展示往届听众对大咖所讲专题进行的互动评论等。通过这些操作,让新用户了解《数字化大咖说》,并且获得品牌认同。

因为这是一个公益免费的活动,所以没有购买转化环节。

3)活动后运营

《数字化大咖说》每一次活动后,并不是让用户参加完活动就结束了,而是进行活动后运营。比如,熊焰老师演讲完以后,大家都觉得特别好。在《数字化大咖说》运营人员建的VIP微信群里,很多人询问是否能获得熊焰老师的录像。我们采取推荐别人报名参加后续的《数字化大咖说》方式,推荐够一定的人数就可以获得回放录像的方式,以老带新。通过免费直播和大咖IP的影响力,做到了客户引流。最后相当于购买后跟随,即便这次活动结束了,仍然要抓住机会裂变传播,为下次活动做准备,吸引更多的人参与。整个过程就是一个连环运营。

2. 小儿推拿机构的连环运营

某小儿推拿培训机构以往都通过邀请"宝妈"来参加线下课堂进行推广宣传。后来做用户连环运营的时候,先搞了一个拼团的活动,为参与者提供一些福利,聚集了一部分"种子"用户。然后,请了一位擅长诊治小儿疾病的专家,通过线上视频直播的方式讲解小儿健康护理,内容非常好。"宝妈"听了都很高兴,觉得非常有价值,因此就不停地转发,从一开始听课的100多人,裂变到1000多人观看直播,吸引了大量的"宝妈",积累了目标用户。

这家小儿推拿培训机构是依赖用户的自发传播来实现用户裂变的。在直播过程中也可以设计一些主动的用户裂变环节，比如，德州倚品扒鸡在活动前准备一些豆干、鸡爪等小礼品。在直播的过程中，让观众进行"0元秒杀"，但这种免费的活动需要通过把直播分享出去才能获得参与资格。

3. 奢侈品电商的连环运营

笔者在接触某奢侈品电商之前，没遇到过通过线上直播可以卖掉价值几千元、几万元商品的事情。通过直播卖货的通常都是总价300元以下的商品，尤其是100元以下的商品比较好卖。但这家奢侈品电商就能把几千元、几万元甚至十几万元的商品通过线上直播卖掉了。

他们并不是通过简单的直播卖掉这些奢侈品的，而是通过连环运营和系列活动来做到的。首先他们采用每周二特价直播的方式，让会员有了每周二买奢侈品很便宜的印象。其次，他们每次直播都会准备一些引流的小商品（比如1欧元的小手工艺品），让分享直播的用户免费抢，以此来不停地裂变用户。

第 8 章

误区四：表面赚钱，实际亏钱

"表面赚钱，实际亏钱"是企业在做用户运营时经常出现的问题。在几年前，商场经常做"在会员卡中充值 1000 元送 300 元""消费 500 元返 100 元"之类的活动。虽然这两年这类活动相对少了一些，但在 2019 年 11 月的时候，北京＊百货的大幅度折扣促销仍然刷爆了朋友圈。这种大规模的促销活动确实能够吸引更多的客流，卖掉更多的货，但从长远看，商家是否赚钱还有待商榷。

8.1 促销打折未必赚钱

用户买东西的时候，绝对不是觉得便宜才买的，而是觉得它物超所值才买的。大家一定要记住，"用户喜欢的不是价格低，而是喜欢物超所值"。所以，当商家不停地打折促销的时候，就会降低产品在用户心中的价值。如果长期打五折，原价 1000 元的商品长期卖 500 元，那么产品在用户心中的价位就是 500 元，而不再是 1000 元了。这时候打折促销的效果会越来越差。另外，即便刚开始促销效果好，也未必真的赚钱。对于那些经常做打折促销活动的企业，产品看起来好像卖得火爆，但企业未必真的赚钱了。

提示
用户不是因为价格低而购买，而是因为物超所值而购买。

8.2 活动损益分析

笔者在腾讯工作的时候，也会做一些营销活动，并根据营销损益公式来计算是否获得收益。

$$营销活动收益 = 当次收益 - 日常收益 + 长期损益$$

上面的公式表明，营销活动的收益等于"当次收益"减去"日常收益"再加上"长期损益"。下面我们详细介绍一下"当次收益""日常收益""长期损益"如何计算。

8.2.1 当次收益

当次收益指的是在这次营销活动中所获得的利润，注意，不是销售额。例如，

第8章 误区四：表面赚钱，实际亏钱

某次活动时售卖出 1000 万元的货物，利润为 300 万元，300 万元即为当次收益，当次收益通过统计便可获得。

8.2.2 日常收益

日常收益指的是平时没有活动时的销售利润。一般而言，平时销售的单个商品利润比活动时高。例如，活动时销售了 700 万元，但由于活动时的价格比较低，利润可能只有 100 万元，这 100 万元是做活动当日的收益。而平时不做活动的时候销售了 500 万元，利润可能为 200 万元，200 万元即为日常收益。

$$H_i = G(\alpha h_日 + \beta h_周 + \gamma h_年) \tag{8-1}$$

其中，H_i是第i天的日收益；$h_日$是星期同比收益平均值，一般取5周的平均值；$h_周$是最近7天收益平均值；$h_年$是365天收益平均值；G是年度收益增长指数，可以通过按年统计得到；α、β、γ是权重指数，且$\alpha+\beta+\gamma=1$；G、α、β、γ均可进行配置。

在式（8-1）中，日常收益等于α乘以日收益，加上β乘以周收益，再加上γ乘以年收益。

"$h_日$"是星期同比收益平均值。为什么要用星期同比呢？因为很多时候门店的销售额与周几有关系。对于一些零售型企业，周六、周日比平时人多；而对于生活美容类的企业，周一到周五比周六和周日人多。所以要按星期同比进行计算。比如，若促销活动的当天是周五，就取之前若干个周五进行计算，可以取 5～7 周，一般取奇数，不取偶数。然后取一个平均值。

"$h_周$"是周收益平均值，就是最近 7 天的收益平均值。比如，促销活动是本周二，那就是取上周二到本周一的平均值，它反映的是最近一周的变化。

"$h_年$"是年收益平均值，反映一年整体的变化。

"G"是年度收益增长指数，反映企业每年大概的增长率是多少。比如，2018 年的销售额是 10 亿元，利润是 1 亿元，2019 年的销售额是 12 亿元，利润是 1.5 亿元，用 1.5 亿元除以 1 亿元，算得的年度收益增长指数是 1.5。

通过以上公式就可以算出来，如果不做促销活动，企业一天应该销售多少，利润是多少。

8.2.3 长期损益

长期损益是指营销活动之后的一个较长的周期内给企业带来的收益和损失值。一般的活动收益只计算活动运营周期内给企业带来的收益或损失，这种计算很直观，但并不能完整地反映营销活动给企业带来的影响。长期损益的值有时候是正值，有时候是负值。做营销活动时,由于受众面广、价格低,因此会吸引更多的客户购买,同时品牌知名度会得到提高。这时用户收益和品牌收益对企业是有利的,企业的长期损益是正值。但如果企业的商品长年打折,会损害商品在用户心目中的价值定位,用户会认为活动时的价值即为此品牌本身的价值,企业的长期损益就变成负的了。

长期损益需要通过一个平衡公式来进行计算。在促销活动中,有可能因为品牌的扩张带来更多的品牌知名度,也有可能降低了品牌的价值。例如 1000 元的产品经常五折销售,用户认为该商品的价值就是 500 元。促销活动一开始的长期损益可能是正的,但随着越来越多的促销,长期损益就会变成负的。

8.3 活动的传播分析

企业做传播活动的时候,需要用数学公式进行传播分析。因为数字化运营是专业化运营,是真正用数字来说明效果的。一位哲学家曾经说过,任何一个领域如果没有引入数学,那么这个领域就不能称为科学,而数字化运营和私域流量运营需要一套科学的体系。根据亚当·潘恩伯格所著《病毒循环》,传播值的计算方式如下。

$$\text{Spread}(t) = \text{Spread}(0) \frac{K^{\left(\frac{t}{\text{ST}}+1\right)} - 1}{K - 1} \tag{8-2}$$

其中,Spread(t)是传播值,值越大说明传播的效果越好,类似于病毒传播中的最终被感染人数;Spread(0)是初始值,类似于病毒学中的初始病毒携带者人数;K 是传播系数,表示每个人平均带来的新用户量;t 是传播时间;ST 是裂变传播周期,表示每人带来新用户的平均时长。

在式(8-2)中,Spread(t)值越大,传播的用户越多。K 一般相对固定,可以通过小样本测试得到其值。作为裂变传播周期,ST 与投放的渠道密切相关,比如朋友圈信息的 ST 值一般是 3~6 小时。通常我们在朋友圈发信息,超过 6 小时,就不会再有人看到信息了。基于这个规律,这里介绍一个小技巧,当企业让自己的员工把活动内容发到朋友圈的时候,可以选择早上(7~9 点)、中午(11~13 点)、晚上(20~22 点)各发一次,每次发完内容之后都把上一次发的内容删掉。这样员工微信上大部分的好友看到的都是员工只发了一次的内容。在某一特定的渠道中,ST 值相对固定。

在没有进行数字化运营前,K 的值通常是相对固定的,但是在进行数字化运营的时候,K 的值是可变的,根据用户的情况来取值。例如,用户 a 在微信中有 m 个微信群,则在 IF 这个信息上传播因子 K 值的计算公式如下。

第8章 误区四：表面赚钱，实际亏钱

$$K(a, \text{IF}) = \sum_{i=1}^{m} \text{Match}(\text{IF,CY})_i \, \text{Influence}(a,\text{CY}) \tag{8-3}$$

其中，a代表某一个用户；IF代表某一信息；m表示用户a所能影响到的人群数量，假设a有5个微信群，a平时喜欢往这5个微信群发信息，则m的取值就是5；i表示用户a的第i个人群；CY代表用户a所能影响到的某个人群；Match(IF,CY)代表IF这个信息在CY这个人群里面的匹配度，可以通过计算相关性得到，一种简单的计算方法是对IF抽取关键词，然后再对CY这个人群偏好的关键词进行抽取，再通过余弦公式计算匹配度；Influence(a,CY)代表用户a在CY这个人群里面的影响力，可以通过统计得到。

传播函数K的计算方法是匹配度乘以影响力。$K(a,\text{IF})$的值越大，传播力越大，这说明更有利于传播。我们可以针对每一个用户算出一个传播函数。在活动还未正式推出时，通过传播公式就可以预估出传播的趋势，这就是可控式活动传播。

第 9 章

误区五：专业的人做专业的事

第9章 误区五：专业的人做专业的事

企业领导的数字化运营意识再好也需要团队来进行落地。在选择数字化运营战略的时候，有些企业领导倾向于和团队一起讨论，希望能够群策群力。结果往往是，企业内部参与讨论的人很多，每个人都发表不同的建议、观点，看起来好像从都是"专家"，从而产生"人人都能做数字化运营"的假象，但是到最后真正落地执行的时候，没有一个真正的负责人。这时候就需要真正的、具备成体系的数字化运营思维的专家帮助团队解决数字化运营的问题。

9.1 专家的带动效应

举一个例子，笔者是一个军事历史爱好者，以前看第二次世界大战的历史时，看到过一个很值得深思的内容：在苏联，击落5架以上敌机的飞行员即被称为王牌飞行员。第二次世界大战期间苏联产生了7个战绩很好的飞行员，每个人击落敌机50架以上。笔者阅读时发现，王牌飞行员中第一名和第五名是一个航空兵团的（第240歼击航空兵团），分别击落敌机62架和53架。第二名和第四名也是一个航空兵团的（第55歼击航空兵团），分别击落敌机59架和56架。当时笔者查阅了资料后发现，苏联一共有155个歼击航空兵师，每一个航空兵师包括2～3个航空兵团，大约有几百个歼击航空兵团。产生的击落50架以上敌机的超级王牌飞行员一共是7人，却有4个人分布在两个兵团里，这非常不符合概率分布。

深入了解了这两个航空兵团后发现，第240歼击航空兵团中，除了这两位非常优秀的飞行员，整个兵团中几乎每一个人都是王牌飞行员。而第55歼击航空兵团中绝大部分飞行员也是王牌飞行员。究其原因是在同一个环境中共同培训、互相激励、互相学习，进而在"专家"（王牌飞行员）的带动下都成了王牌飞行员。

在互联网企业也是如此，某微信公众号运营公司曾经以"10万+"著称，意思是说他们写出来的公众号文章用户阅读数超过10万。这个公司团队培养出来的年轻编辑到了其他公司，也写出了很多用户阅读数很高的文章。并不是因为这些刚毕业两三年的年轻编辑多能写，而是因为他们在这家公众号运营公司中得到了很好的培养。

在企业中，如果没有专家的带领，一个团队都是门外汉，靠摸索去做数字化运营，几乎是不可能成功的，而有了专家的带领，有了共同学习的氛围，则整个团队更容易成长为一个专业的团队。当企业内部缺乏专家的时候，就要积极地寻求外援，引入外部的专家来帮助打磨数字化运营模式和培养数字化运营人才。

9.2 好人才也需要好的培养

十几年前,笔者刚进腾讯工作的时候,腾讯在每个员工身上花的培训费是 10 000 元以上。今天大家可能觉得为每个员工花 10 000 元培训费不是很高,但那个时候,深圳人均月收入是 2000 多元,腾讯每年花深圳人均月收入的 4 倍给一个员工做培训。这也是腾讯团队战斗力很强、能够迅速壮大的核心原因,在团队的培养上,腾讯的投入非常大。

腾讯早期的一些员工学历并不是很高,而且进腾讯之前也没有做过编程,但这些人里面,笔者对一个人的印象非常深刻。他进腾讯之前没有写过程序,通过自学和公司的培训,后来编程能力达到了非常高的水平。他在腾讯只有几十万用户的时候写出的一个应用模块,到了腾讯有一两亿用户同时在线的时候,那个模块仍然运行得非常好,任何错误都没有。这位同事之所以能够从普通员工成长为专家,除了自身非常努力之外,还因为腾讯给了他成长的环境,给了他很好的培养。

在企业中共修很重要,共修就是团队一起学习、一起成长。

9.3 数字化运营需要提高组织能力

数字化运营不是企业想做就能做好的,这还需要组织能力上的支持。企业家或公司的中高层普遍会遇到以下一些问题。

(1)工作中员工干不出结果或者干错了,一问才知道不会干,且还不愿意承认自己不会干。

(2)工作中员工思想上不重视,意愿上不想做。领导催促一下员工做一点,工作成效很低,最后员工还对企业不满。

(3)工作中员工会干也想干,但是在管理流程上没有相应的支持。例如,员工想做活动运营,却缺乏企业政策上的支持。

对此,杨国安教授给出了一个"组织能力杨三角模型"来阐述和解决这些问题(见图9-1)。

图 9-1 组织能力杨三角模型
(图片来源:杨国安著的《组织能力的杨三角》)

企业成功 = 战略 × 组织能力

在战略非常正确的情况下,一家企业要想获得成功,还需要良好的组织能力。笔者在帮助实体企业做数字化运营的时候,经常会遇到员工不会干、员工不想干、员工干不了的情况。对于这些问题，首先需要进行组织能力建设。

"员工能力"是会不会干的问题，对此需要企业进行能力模型的梳理，并根据能力模型进行人才盘点，然后再确定人才的选、用、育、留。

"员工思维"是想不想干的问题，对此需要企业通过思维模式塑造、价值导向以及考核机制等从多方位、多角度进行引导。

"员工管理"是员工能不能干的问题。有些企业中员工既会干也想干，但对应的流程机制导致员工干不了。在这种情况下需要企业进行工作流程的梳理、组织架构的调整，并打造一个适合员工不断学习，进步的组织环境。

对于很多实体企业来说，私域流量建设和数字化运营是相对比较新的，是和以往的不同的工作。

首先，企业中往往存在员工不会干的情况，或者以为自己懂一点互联网营销就懂了数字化运营。若员工不会干，需要对员工加强培训，让员工学会成体系的运营思路。

其次，还有一些企业虽然安排了人做私域流量建设和数字化运营，但在员工原有工作的基础上额外增了工作，而且没有对应的奖励和惩罚机制。这就导致员工倾向于完成原有工作的 KPI（关键绩效指标），而将新增加的工作放在一边，这就属于员工不愿意干的问题。在这方面，如果企业想要做好数字化转型，一定要企业高层领导领头，制订相应的计划和奖惩机制，同时要对员工进行思想上的引导。

最后强调的是，数字化运营是战略层面的事情，是企业数字化转型的关键环节。如果没有企业领导领衔并鼎力支持，那么在员工层面调动企业的产品资源、营销资源、技术资源来服务数字化运营是非常难的。所以，解决员工能不能干的问题非常重要。这就需要企业制定出相应的流程和机制，具体负责数字化运营的人员应能够顺利地调动资源，并得到其他部门的配合。

9.4 走出误区并实现利润增长

前面讲述讲了企业常犯的错误，给出了很多方法，甚至还有一些数学公式，这些可能会让有些读者觉得数字化运营实在太难了。实际上，它并没有那么难，只需要掌握好一些基本的原则，以及框架性的思维方式，很多细节是可以一点一点补充的。

但我们要清楚前面提及的企业走入误区的原因，是他们并没有从原有的思维模式中转变过来。在原有的商业环境下成功了，当商业环境发生变化的时候还按照原来的经验去工作，自然就进入误区了。上一个时期成功的经验现在可能就成为企业的负担了，随着私域流量越来越火，我们需要转变传统的思维模式。

前面提到的五大误区都是没有掌握私域流量的构建与数字化运营的一些基本原则而犯的一些错误。虽然抽取了 5 种典型的错误，分析了错误的原因，并给出了走出误区的方法，但企业在做数字化运营的时候，所面临的情况是复杂而又多变的，总会遇到一些之前未曾遇到过的情况，那么该如何处理呢？

企业需要掌握好数字化运营的一些基本原则，在遇到不知道该如何选择和处理的情况时，从这些原则出发去考虑问题，往往能够避免错误。下一篇会详细讲解应该掌握哪些原则以便更好地去做精细化运营。

第三篇

金科玉律——
如何做好数字化运营并
实现价值增长

做好数字化运营，实现企业盈利增长，需要做好以下 3 个方面——市场驱动的顶层设计、完善的运营体系以及专业的运营团队。

第10章

做好市场驱动的顶层设计

第10章 做好市场驱动的顶层设计

实体企业在做数字化转型升级过程中,最重要的是做好市场驱动的顶层战略设计。如果战略错了,那么整个事情都做错了,就不可能做好数字化转型升级。

10.1 顶层设计是成功的关键

在数字化时代,企业要实现用户价值增长,首先要基于市场驱动做好顶层设计。企业在做用户价值增长的数字化运营时,并不是简单地创建微信群、使用软件建一个系统就可以了,而是需要调动战略设计、产品设计、价格体系设计等部门。这就需要企业内部从顶层推动。

10.1.1 战术的方法解决不了战略的问题

有些企业管理者认为,用户价值增长的数字化运营用一些运营手段和工具就可以实现,把成功寄托于战术的层面,这种认识是非常不对的。

不要尝试用战术的方法来解决战略的问题。

用户价值增长的数字化运营本质上是企业战略的问题,而不是单纯的营销上的战术问题。原因是流量营销和用户价值增长的数字化运营有非常大的不同(见图 10-1)。

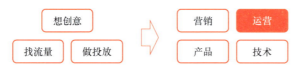

图 10-1 流量营销与数字化运营的区别

在以往的流量营销时代,需要的是想创意、找流量、做投放。在用户价值增长的数字化运营时代,营销依然很重要,但还需要营销、产品、技术 3 个方面结合起来,一起围绕着运营进行。而这些方面所涉及的资源不是以往的营销人员所能调动的,需要企业高层主导,让产品部门、销售部门、市场部门等给予相应的资源配合、政策配合等。从这里可以看出,这些配合是企业战略层面的事情,不是营销战术层面的。

回顾第二篇讲的杨三角模型,其中提到的"员工管理"就是要解决员工能不能干的问题。把顶层设计好,工作流程、资源配合、政策配合都理顺了之后,就可以放手让员工做数字化运营了。因为这时候你已经解决了员工"能不能干"的问题,剩下的就是他"会不会干"和"想不想干"了。

> **注意**
>
> 信息化建设的是"系统",负责的是"企业内部流程";数字化建设的是"生态",负责的是"企业内外部资源"。

数字化和信息化有很大不同。信息化把企业内部的流程数据化,解决的是管理效率的问题,帮助企业提高管理效率;数字化把企业内外部的资源数字化、服务数字化、营销数字化,通过数字化构建一个数字化生态平台,解决的是盈利效率的问题。

10.1.2 运营在数字化建设中非常重要

数字化是一个生态平台,这个平台上面有用户、合作伙伴、企业的各种内外部资源。而要想使生态平台上面的用户活跃,给公司带来更多的新用户,并使平台上面的资源充分地发挥价值,需要精细化运营,这些不是一些运营手段和工具就能完全解决的事情。因此,相对于信息化而言,在企业的数字化建设过程中,运营能力的建设非常重要。而企业系统性的运营能力涉及了企业内部的战略、产品、技术、营销等各个方面,需要决策层牵头来建设运营体系。

在做好市场驱动的顶层设计方面,有以下3个原则。

(1)快速试错,小步快跑。

(2)以用户为价值原点。

(3)用好"程火山"模型,做好每个环节的增长。

10.2 快速试错,小步快跑

10.2.1 通过快速试错适配瞬息万变的市场

企业做数字化运营的时候要坚持一个原则——"快速试错,小步快跑"。在做数字化运营的过程中,细节决定成败。很多时候,前一段时间证明是对的措施,到实施的时候可能已经变成错的。面对这种情况,就需要通过"快速试错,小步快跑"来应对。

笔者在腾讯工作的时候,有一次听"微信之父"张小龙讲产品设计理念,他讲完之后说了一句:"以上我所说的都是错的。"后来,笔者才明白,张小龙的意思是这些经验在以前都是对的,但在未来可能就是错的,因为用户的需求变化太快了。所以,企业做数字化运营特别忌讳的就是谋划了很久也不行动,到最后想行动的时候，市场环境已经发生了很大的变化。

但快速行动并不是让企业盲目地投入，闭着眼睛做数字化运营，而是要用最小成本的快速试错。作为团购市场的领军企业，美团拥有雄厚的资金实力和技术实力。但它在2013年做外卖业务的时候，并没有经历很长时间的准备工作，只用了一周的时间就推出了外卖业务。开发出来的外卖订单系统只是一个终端消费者的下单页面，而其他的业务流程是通过美团的工作人员手动实现的。我们所设想的外卖系统至少应该包含餐饮商户的接单功能、外卖骑手的接单功能等，这些美团刚开始没做。美团会没有技术人员开发一个完善的外卖订单系统吗？不是，那它为什么只做了一个简单的下单页面呢？因为美团这样做可以以最快速的速度、最小的成本来验证"外卖"这个项目是否可行，并且通过把业务的全流程走通，还可以发现这个项目可能会遇到的问题，以及如何才能更好地运营。这种做法不但节约了时间和成本，还为后续外卖订单系统的开发积累了切实可行的运营经验和验证系统用的数据，让后续开发的软件系统更加顺畅实用。当然，随着业务的一步一步发展，软件系统是要快速迭代完善的，就如同我们今天看到的美团外卖系统已经非常完美了。

10.2.2　快速试错是一种能力

"快速试错，小步快跑"不仅是企业的一种战略落地方法，还是一种战略落地能力。现在有很多咨询培训机构里面的老师在讲管理、运营的时候，会告诉企业要做A/B测试。虽然这是一个进步，但还是远远不够。笔者曾经在腾讯的搜索部门工作过，在2013年我们研究谷歌的技术时发现，谷歌一天可以做3000次用户增长运营的试错实验。当时腾讯搜搜一天可以做到300次，这在国内已经非常领先了。

为什么谷歌能够一天进行3000次实验，腾讯一天可以进行300次实验？原因是谷歌和腾讯都有着非常优秀的数字化平台。在数字化平台上面活跃着大量的优质用户，同时这些用户还有着非常丰富的"标签"。通过数字化运营的方式，结合用户带有的丰富的"标签"，谷歌和腾讯可以迅速地抽取出不同组合的典型客户，可以针对不同的客户群进行快速的实验，并搜集用户在不同实验中产生的行为数据。但对于很多企业来说，没有用户积累和数据积累，要想进行快速的、一天多次的用户增长实验，无疑是天方夜谭。

10.2.3　小步快跑可以让运营效益最大化

在用户价值增长的数字化运营方面，企业一定要"小步快跑"，这样才能成本最低、效果最好。通过小步快跑，我们可以迅速地发现数字化运营中的问题，快速找到正确的运营方法。

当我们不去尝试的时候,很多隐藏性的问题是很难发现的。"小步快跑"可以帮我们更好地"快速试错",是一个快速发现问题的方法。同时"小步快跑"也是一个快速解决问题的方法。我们之所以推崇"小步快跑",而不推崇"大步冲刺",就是因为"小步快跑"可以在奔跑中快速地调整姿势,快速地进行路线的微调。笔者在腾讯工作的时候,有一次计划推出一款以我国古代历史为背景的大型网游。提到我国古代历史,我们自然会想到秦皇汉武和唐宗宋祖。秦朝、汉朝、唐朝、宋朝这些都是我国古代很具代表性的王朝。开发游戏的时候,按照通常的思想,应该先开发出一个游戏的小原型来试一下,然后内测、公测,这样不断地对游戏进行完善和调整。既然我们强调"小步快跑",那么这个"步"就要足够"小"。上面说的从原型到内测、到公测的步子还是太大了。这个"步"要多小呢?游戏项目刚启动的时候,项目负责人就让设计师用一天的时间画了几张以唐朝建筑为背景的游戏图片,然后送给几个用户看,以便收集用户的反馈意见。用户问道:"你们打算代理一款日本游戏吗?"然后,设计师又画了几张以宋朝建筑为背景的游戏图片,送给用户看之后,用户问道:"你们打算开发一款韩国游戏吗?"后来设计师把游戏图片中的建筑换成了清朝的风格之后,用户才觉得这是我国古代的样子。通过小步快跑,三天的时间就确定了游戏图片中应该使用的建筑风格。如果用一两个月做完游戏原型之后,才发现建筑风格是错的,那么需要的调整成本就很高了。

市场是在不断变化的,"小步快跑"能够让我们迅速地感知到市场的变化,并随之快速地进行调整。

"小步快跑"既让我们勇于探索,又不会让我们投入过高的试错成本,不断地向理想的目标靠近。"快速试错,小步快跑"可以让我们节约时间成本、人力成本、资源成本等,同时还能够快速地让我们实现战略目标。

10.3 以用户为价值原点

作为消费互联网时代的佼佼者,从外部看,腾讯的发展一直都是一帆风顺的。但腾讯内部的人能够感受到,腾讯每两三年就会遇到一次发展瓶颈。而每次面临危机时,腾讯的董事长马化腾先生都能做出非常正确的决策,这让笔者非常敬佩。早在20年前,很多互联网企业靠SP(移动增值服务商)赚钱的时候,有些做SP的企业或多或少地对消费者进行欺骗。马化腾先生坚决反对这么干,并多次开会探讨更好的盈利模式(见图10-2)。

图10-2 盈利模式

其中，绿色部分是为用户提供有价值的、健康产品的收入；而黄色部分是为用户提供价值很小并且有可能损害用户价值的产品的收入；红色部分是严重损害用户价值的产品的收入。马化腾反复强调，要全力扩大绿色收入，摒弃黄色收入，坚决不允许有红色收入。在腾讯内部对近 300 个产品进行了调整，凡是不能够真正给用户提供价值的产品都被停掉。秉承以用户价值为核心的思想，在笔者进入腾讯后两年多的时间内，SP 业务的收入从第三名做到了第一名，而且在收入最高的时候，相当于第二名到第二十名的总和。而那些只想着快速赚钱的企业，很快就被用户抛弃了。

在做用户价值增长的数字化运营的过程中，一定要以用户为核心。因为数字化时代最有价值的就是用户以及用户产生的数据。一切价值的原点是用户，所以要以用户为原点来思考问题。

10.4 用好程火山模型，做好每个环节的价值增长

通过数字化来做用户价值增长的运营的时候，企业要有全生命周期运营和连环运营的思维。并不是将用户流量积攒起来就可以了，而是要有持续的服务以维持用户的活跃性。当今社会，商业竞争拼的就是效率，企业一定要在每一个环节上把效率做到最高，这样才能做到最好。

在图 10-3（a）中，营销漏斗模型是以往我们做流量营销时最常用的漏斗转化模型。假设在一个产品活动运营中，有 10 万名用户点击了产品（曝光），有 1 万名的用户关注了产品，有 1000 名的用户对产品询价了，最后有 100 名的用户购买了产品，企业得到的就是这 100 名用户。

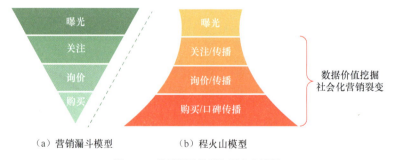

（a）营销漏斗模型　　（b）程火山模型

图 10-3　营销漏斗模型与程火山模型

在数字化时代，要用程火山模型，如图 10-3（b）所示。假设有 1 万元用户的曝光，有 1.2 万元用户的"关注 / 传播"，有 2 万元用户的"询价 / 传播"，最后有 10

10.4 用好程火山模型，做好每个环节的价值增长

万元用户的"购买/口碑传播"，那么企业得到的是这10万名用户。要想实现这个模型，就需要提高每一层的转化效率和传播效率。用户只要和企业接触了，企业就要想方设法让用户向下一环节转化，同时让用户帮忙传播。如果用户购买了企业的产品，就等于认可了企业的价值，就更能够帮助企业进行传播了。

"曝光"驱动成交到"效率"驱动成交。营销漏斗模型和程火山模型有非常大的区别。营销漏斗模型如果要想增大底部的购买量，就需要增大第一层的曝光量，即"曝光"驱动成交。而火山模型要想增大底部的购买量与口碑传播量，需要提高每一层的转化效率和传播效率，即"效率"驱动成交。

在数字化时代，购买流量的成本越来越高。企业要想更高效地赚钱，就不能只关注营销漏斗模型了，要努力实现程火山模型。而要实现程火山模型，就需要企业从顶层设计开始做好，并且要有完善的运营体系和专业的运营团队。

第11章

建立完善的运营体系

做用户价值增长的数字化运营的时候，有些人会片面地强调要做精准投放和裂变营销。用户价值增长的数字化运营是成体系的，每一个用户如何分层、分群的设计，同样也是有规则的，这些和无规律地做"秒杀"促销活动不同。前面讲到运营要做连环运营，此外，还要做全生命周期运营、精准运营等。第四篇会以用户全生命周期为主线来讲解如何构建用户数字化运营体系。

11.1 关注产品与用户，重视群体与个体

11.1.1 营销理论的变化

笔者特别喜欢从营销理论开始推理出一些实际可操作的技能，因为营销是为了促成商业交易，营销理论能够反映很多底层的逻辑。营销理论在不同时期有不同的称谓，20世纪60年代是4P理论，20世纪90年代是4C理论，现在是4R理论和4I理论（见图11-1）。

```
20世纪60年代        20世纪90年代        20世纪00年代        20世纪10年代
产品营销（4P）      整合营销（4C）      关系营销（4R）      互动营销（4PI）

产品（Product）    顾客（Customer）    关联（Relevancy）    趣味（Interesting）
价格（Price）      成本（Cost）        反应（Reaction）     利益（Interests）
渠道（Place）      便利（Convenience） 关系（Relationship） 互动（Interaction）
宣传（Promotion）  沟通（Communication）报酬（Reward）      个性（Individuality）
```

图 11-1 4P → 4C → 4R → 4I 理论的发展

下面用麦肯锡的市场需求平均预测准确率加以论述，见表 11-1。

表 11-1 麦肯锡的市场需求平均预测准确率

年代	市场需求的平均预测准确率
20 世纪 70 年代以前	90% 以上
20 世纪 80 年代	60%～80%
20 世纪 90 年代末	40%～60%

从表 11-1 中提供的数据可以看出，在 20 世纪 70 年代以前，市场需求的平均预测准确率高达 90% 以上。按照这个准确率，几乎生产出来的产品不会有多少剩余。

第11章 建立完善的运营体系

这个时代是大规模生产时代,因此 4P 理论(产品营销)大行其道[①]。

关于 4P 理论(产品营销),笔者在前面章节讲述了产品、价值、渠道、宣传,列举了宝洁公司的例子,其整个过程是生产、定价、销售、广告宣传。在营销上若还采用这样的方法,成功的概率会很小。

到了 20 世纪 80 年代,发达国家几乎所有的消费品行业都出现了供过于求的局面。从表 11-1 中的数据可以看出,20 世纪 80 年代开始,市场需求的平均预测准确率的下降是非常大的。按照这个准确率进行大规模生产,而不考虑消费者的需求,明显是不可行的。4C(整合营销)理论的思维转变成了"顾客、成本、便利、沟通"。这是非常大的转变,从产品层面转向用户层面,这个转变是从以产品生产为核心转变为以用户需求为核心。从"价格"转向了"成本",这里的成本不仅包括用户购买产品的成本,还包括用户选择的成本,售价高会降低用户的购买率,用户选择困难同样会降低用户的购买率,第 17 章会对此详细讲解。而"便利"说的是用户可以很方便地得到使用价值,使用过程非常方便。"沟通"说的是企业要与用户进行沟通。在 4P 理论的时代,企业不需要与用户进行沟通。但是到了 4C 理论的时代,企业需要根据用户的反馈,进一步优化产品[②]。

在"便利"方面,有一款产品开了便利设计的先河,这就是 iPod。iPod 做了极简化的设计,使其便利性、体验感、外观都有了非常好的提升。现在用的智能电视机遥控器也做了"便利"设计。以前的电视机遥控器按键非常多,搞清楚遥控器的使用要有较高的学习成本。实际上,有些按键的用处并不大,而现在智能电视机遥控器上的按键都非常少。还有我们更熟悉的智能手机和功能手机,当 iPhone 手机把键盘取消掉只留下一个 Home 键的时候,很多人还不习惯,但随之而来的各大品牌的智能手机都延续了这个设计——功能手机那种复杂的键盘已经不受消费者欢迎了。

在 4C 理论之后又产生了 4R(关系营销)理论,这是因为不仅产品生产过剩,还需要让用户帮企业销售,从而产生了各种各样的链接。在 4C 理论中是与用户建立"沟通",而到了 4R 理论,要与用户建立"关联"和"关系"。4C 理论中考虑"成本",到了 4R 理论的时候考虑用户的"报酬"和"反应"。4R 理论对用户的重视程度更进了一步,同时也要和用户建立更紧密的连接[③]。

再到 4I 理论,我们需要思考"趣味""利益""互动""个性"。要考虑用户的喜好、个性化需求,从而通过互动为用户提供服务。4C 理论强调和用户"沟通",4R 理论

[①] 参见小威廉·D. 佩罗特和尤金尼·E. 麦卡锡著的《基础营销学》,以及菲利普·科特勒著的《营销管理》。
[②] 参见罗伯特·劳特朋的《4P 退休 4C 登场》,以及罗伯特·劳特朋、唐·E. 舒尔茨、斯坦利·田纳本的合著《新整合营销》。
[③] 参见艾略特·艾登伯格著的《4R 营销:颠覆 4P 的营销新论》。

强调和用户建立"关系"，但这些都不是实时性的。而在4I理论中的"互动"是要实时性的、双向的。而今天很多企业关注和构建的私域流量，就需要让企业与用户进行实时的互动，不是简单地建立关系和链接。

从4P理论、4C理论、4R理论再到4I理论的发展来看，企业越来越关注"用户"，越来越重视"个体"。私域流量之所以要把每一个用户当成超级VIP来运营，要深挖每一个用户的价值，要让每一个用户带来更多的新用户并放大他们的价值，就是因为"个体"越来越重要。

11.1.2 国产品牌的自信在增强

对于我国广大的用户来说，因为改革开放40年带来的繁荣富强，使得人们的民族自豪感和文化认同更强，这几年国产电影的票房都连续创下新高，国内市场的票房表现甚至已经远好于进口电影了。人们对国产品牌的认同度也在显著增长。

这些变化使得国产品牌、包含民族文化元素的品牌有了非常好的发展机会。笔者之前在腾讯工作的时候，曾经在2011年参与过一次用户心理研究，调研的结果显示人们对民族文化的自豪感已显著增强，之后在腾讯多个产品的设计中开始逐渐增强民族元素的设计。

这也是我们前面提到的故宫文创这几年发展这么好的原因，除了运营策划非常有创意，还顺应了用户在经济自信的基础上产生的文化自信这种消费心理变化的趋势。而我们在建立运营体系、设计产品体系和活动体系的时候，要顺应用户心理的这种变化趋势。

11.2 做好流量投放并实现用户价值增长

流量思维是想创意、做投放。例如，前面提到的某化妆品企业的例子创意很好，得到的流量也很多，广告投放做得也很好。但是，到了数字化时代做私域流量的时候，更加需要考虑的是单位经济效益。

就像在前面章节所提到的羊的例子，抓住一只羊，投入的成本是抓羊所耗费的力气，把羊直接吃掉的收益是吃到羊肉，从中获得的是单次价值，而把羊养起来，我们可以挤羊奶、薅羊毛，收获一群小羊羔，最后仍然可以吃羊肉，这就是羊的全生命周期价值。一只羊的单位价值就是生命周期价值减去抓羊的成本。抓一只羊付出的劳动力相同，但是我们获得的全生命周期价值和直接把羊吃掉的单次价值是完全不一样的，单位经济效率提高了非常多。

11.2.1 流量的构成

我们按照穷尽可能、互不相关的方式对流量进行分析，发现的流量由 3 块构成，分别是自然流量、购得流量和老带新流量。

- 自然流量是不需要额外花钱、用户直接带来的进店购物。自然流量通常是由固定成本决定的，如线下门店的房租、线上电商平台的入驻费，以及固定的人员投入等。对于线下门店来说，位置往往决定自然流量，除非更换店址，否则通过设计门店能够改变的自然流量非常有限。
- 购得流量是花钱做推广而得来的流量。通常，花钱就有新用户来，不花钱就很少有用户来，投入的成本和获得的用户通常是线性的关系。购得流量包括品牌广告（如电视广告等），效果广告（如百度推广、今日头条信息流广告、微信朋友圈广告）等。以前在流量红利时代，我们更关注购得流量。追求的是 ROI（投资回报率），比如投入 100 万元的广告费，带来 1000 万元的销售额，销售利润是 120 万元，那么投资回报率就是（120 万元 -100 万元）/100 万元 =20%，投资回报率越高，企业就越赚钱。在电商快速发展的时代，由于每个投入的回报周期都非常短，因此推动了很多电商公司的飞速发展。假设每次投资回报率有 20% 以上的增长，回款周期是一个月，一年下来就是 10 倍的增长。曾经有些电商公司以此快速崛起，但是现在流量的购买成本越来越高，而销售利润却越来越低了，基于 ROI 的增长飞轮已经转得越来越慢了。
- 老带新流量是指老用户帮助企业带来新客户。这部分流量对于企业来说是最优质的流量，不但成本低，而且商业转化率高。老用户的分享和传播是企业最宝贵的营销资源。但在没有数字化工具的时候，老带新流量就是基于用户的自然口碑传播的，往往处于非可控状态，并不是靠运营能够有效扩大的。老带新的数字化运营需要产品具有核心价值，需要给用户一个分享的理由和一个便捷的传播工具。老带新流量的裂变运营会在本书第四篇中重点讲解。

11.2.2 价值的定义

在数字化时代要对用户进行价值运营，那么价值运营是如何构成的呢？

图 11-2 展示了价值运营的构成。"价值"等于"收割"加上"扩大"和"挖掘"。

- 收割的是自然流量和购得流量，把这些流量"收割"到私域流量中，变成企业自己的用户池。

图 11-2　价值运营的构成

- 扩大的是老带新流量，让更多的老用户带来更多的新用户。让私域流量中已有的用户为企业带来更多的用户，可以有效地扩大企业的私域流量。
- 挖掘的是客户价值，把每一个客户的价值贡献从单次购买价值变成全生命周期价值。

客户的价值有很多方面，如下所示。

1）购买价值

企业的商品和服务都是通过客户的购买来实现价值的。如果用户在企业消费了1000元，用户产生的购买价值就是1000元。

2）传播价值

用户觉得商品好，能够帮企业进行口碑传播，就形成了传播价值。最近几年兴起的网红产品都充分利用了用户的"传播价值"，比如这两年销售好的奶茶品牌（喜茶、奈雪的茶等），以及其他餐饮类品牌（"小龙坎"火锅、幸福西饼、德州倚品扒鸡等）。

还有我们熟悉的小米手机、华为手机，它们都是通过用户口碑传播而被更多人购买的。之前有数据表明，华为的用户中，排名在前1万名的，平均每人就能够为华为带动100部以上的手机销量，这样1万名用户就能带动100万部以上的手机销售，这是多么大的传播价值啊！

这些能够把用户的传播价值利用好的品牌首先都有一个好的"产品价值"，让用户认可企业商品的价值，并帮助传播，以产品价值驱动传播价值。

这两年的网红品牌有一个很大的变化趋势，就是早年的网红品牌都是靠炒作发展起来的，而这两年能够存活并且火起来的网红品牌都是有着"真材实料"并且硬实力很强的品牌。这些品牌在用户口碑方面做得非常好，做到了"以产品价值驱动传播价值"，而不是靠KOL（Key Opinion Leader，关键意见领袖）带"节奏"发展起来的。

上面这些例子是基于口碑传播的，还有基于活动传播的。比如我们都熟悉的成立35个月就上市的拼多多，它是基于拼团、砍价等裂变活动让用户帮助传播的。

3）售卖价值

用户帮企业销售，例如，在2019年上市的云集，就很好地利用了客户的"售卖价值"。比如成立28个月上市的"趣头条"，看起来好像让用户赚钱了，却是一个反向的售卖过程。趣头条先是通过"看新闻赚钱"的方式"购买"了用户的时间，然后再把阅读趣头条的用户的时间"售卖"给广告主。

4）信任背书

用户帮助企业证明产品的价值非常重要。例如，对于游泳爱好者来说，买泳镜是一个痛点。泳镜通常会有两大问题。第一是泳镜内会进水，泳镜需要与人的脸形匹配，如果不匹配，泳镜内就会进水，戴着很不舒服。第二是镜片起雾，戴时间久了，镜片上会起雾。虽然有除雾的药剂，但大部分人并不愿意在泳镜里涂除雾的液体，担心对眼睛造成伤害，因而往往会去买新的泳镜。购买时单纯看网上对泳镜的评价对消费者来说可能并不完全可信，所以很多人更喜欢周围人的推荐，通过别人的推荐来购买一副新泳镜，这就是"信任背书"。再举一个例子，早年京东通过数据分析发现，一个用户从浏览手机到购买需要的决策周期一般是两周。后来京东做了一个试验，在用户浏览手机的时候，告诉用户他的好友某某和某某等购买了此款手机。用户的购买决策周期缩短到了 4.2 小时。为什么会有这么大的变化呢？因为当用户发现自己的好友在用这款手机的时候，自然会去询问，询问之后觉得产品没问题就会下单购买。此时用户的好友帮助京东完成了信任背书。

信任背书不一定非得由周围的朋友完成，有时候陌生人也可以起到信任背书的作用。例如，我们都熟悉的大众点评（现在和美团合并称为"新美大"）就是通过其他消费者对餐馆的点评，让消费者在选择餐馆时有一个很好的参考。而那些评价高、口碑好的餐馆，就相当于广大消费者帮他们做了信任背书。同样，京东和天猫上的商品评价也起了相同的作用。

一个做医疗美容的企业，在征得消费者同意的情况下，对一些轻医美项目进行了视频直播，让广大消费者"眼见为实"，从而起到了非常好的信任背书的效果。

11.2.3　数字化时代的增长轮

企业追求的是收益增长。

$$收益增长量=用户增长量\times价值增长量$$

那么"用户增长"怎么实现呢？用户的流量来源包含自然流量、购得流量、老带新流量。老带新流量增加了，门店的客流自然就增加了，同样，整体的用户增加意味着可以作为老带新的种子用户也增加了，这样就能够进一步通过老带新给门店带来更多的流量，"用户增长"这个轮子就会越转越快。图 11-3 展示了数字化时代的增长轮。

"价值增长"怎么实现呢？我们在做"价值增长"运营的时候需要识别用户、连接用户，然后对用户进行连环运营，努力提高用户的价值。让"用户增长"和"价值增长"这两个轮子越转越快，企业的"收益增长"就会越来越大。

图 11-3 数字化时代的增长轮

11.3 每一家企业都需要建设的用户增长HOUSE模型

在做数字化运营体系的时候,每一家企业都需要建设一个属于自己的用户增长 HOUSE 模型。

11.3.1 用户增长HOUSE模型

要想对用户进行数字化运营,首先得有用户池(私域流量)。因此用户增长 HOUSE 模型的地基就是"用户流量收割体系",每一家企业的用户流量收割方式都会有所不同。用户关注了企业之后,需要给用户提供价值,黏住用户。除了常见的会员体系、价值成长体系,企业还需要搭建的是直播运营体系和圈子内容运营体系。图 11-4 展示了数字化运营用户增长 HOUSE 模型。

图 11-4 数字化运营用户增长 HOUSE 模型

此外还需要包含首单消费转化、老带新裂变、会员复购运营、忠诚度养成等会员全生命周期运营体系。这些体系的建设会在第四篇中详细讲解。

白酒企业通常的销售方式都是批发给渠道商，渠道商再把商品分发到各个销售终端。在这个过程中，白酒企业是接触不到用户的。有些白酒企业为了能够获得终端消费者，采用在白酒瓶上印刷二维码的方式来吸引用户扫码关注公众号，但效果并不好。因此，多数白酒企业的用户增长 HOUSE 模型很难搭建起来。某白酒企业通过使用和终端门店合作的方式，以营销和用户赋能的方式帮助终端销售门店提高销售业绩，很好地"收割"了终端销售门店的流量。这家白酒企业通过后续的酒厂直播、专家直播、品酒会直播等活动，以及结合酒友圈子的社群运营等方式，大幅度地提高了用户黏性和销售业绩。

实体企业需要通过搭建增长 HOUSE 模型来建成自动化的、多场景的用户数字化运营体系。

11.3.2　不同类型的企业有不同的运营侧重点

根据企业所销售的商品类型，需要有不同的运营侧重点。

高决策成本类的商品的特点和问题如下。

- 特点：单价高、决策周期长、参与度高、多方比较、参考他人建议。
- 问题：用户会忘掉早期接触的品牌企业，对企业品牌特点、价值点比较模糊。

这类企业在建设数字化运营体系的时候要侧重于加强用户的品牌认知，提高首单购买率。

高频购买类的商品的特点和问题如下。

- 特点：购买频率高、消费人群相对稳定、用户忠诚度低。
- 问题：单次购买获利低，需要提高用户的复购率、转介绍率。

这类企业在建设数字化运营体系的时候要侧重于增强用户的黏性，提高复购率，同时要提高老带新的力度。

此外，上面这两类企业都可以和周围非竞争关系的商家组成异业联盟以进一步获得竞争优势，但需要企业具有一定的地面推广能力和活动组织能力，能够组织起周边的商家，让大家一起参加。

第12章

打造专业的运营团队

第12章 打造专业的运营团队

企业在建设数字化的用户资源平台的过程中，要有一个擅长做用户数字化运营的专业团队，能够把每一个环节都做得非常专业、做得很细致。有一句话叫"细节决定成败"，如果细节没有做好，最后可能事倍功半。

12.1 不同能力的团队执行效果不同

在做数字化运营的过程中，不同企业的效果是不同的，以笔者熟悉的3家企业为例。德州倚品扒鸡做用户价值增长的数字化运营之后，在熟食行业整体不景气的情况下，公司整体业绩逆势增长了26%。

茜茜公主曾经实现了半年业绩超过前两年业绩总和的目标。

珈禾整形医美实现了单店每日会员增长200～300人的目标。

不同的企业呈现出了不同的效果，除了企业自身特点外，另一个核心原因就是人的执行力。

有的企业管理者觉得用户数字化运营做不起来是因为员工不执行。实际上，可能不是员工主观上不执行，而是因为员工没有这种运营思维，没有能力和经验，同时也没有合适的工具来操作。

在做数字化用户运营的过程中，企业需要通过"人"和可落地的"运营体系"来激活"数字化系统"。只要"数字化系统"启动了，就会反推"人"来完善"运营体系"，最终形成一个正向循环升级的过程。

最后需要强调的是，运营不是搞搞营销活动那么简单，而是以用户为中心进行持续、长效的运营。这些需要有一个全职、专业的团队来执行。

12.2 打造专业团队需要做的3件事

12.2.1 统一内部思想

对企业内部的团队要做数字化方面的意识培训，要让企业的管理人员和普通员工都清楚地意识到，企业的数字化转型升级已经是不可避免的，是一定要做的，不做就可能会被淘汰。

同时要让企业的管理人员了解到与数字化用户运营相关的思想，让企业的管理人员充分了解到实体企业数字化转型的战略和顶层设计方法。

12.2.2 运营组织架构设计

在设计运营组织架构之前，企业需要对各个部门（或分公司）进行充分的调研，了解内部各个组织的能力，并且按照数字化企业的组织要求对组织架构进行设计和调整。组织中要有负责用户运营的部门，这个部门不是以往的客服部，也不是以往的市场部。用户运营部门负责拉近用户与企业的关系，帮助市场部实现以口碑驱动的市场营销，帮助销售部提高商业转化率，帮助客服部提高用户的满意度。

对于组织架构缺失的部分，要么现有人员通过培训来补充，要么从市场上招聘有相关能力的人才。以笔者以往的经验来看，两者结合的效果相对好一些。

12.2.3 运营能力培养

对团队运营能力的培养是一个长期的工作，13.3节会详细讲述如何培养运营人员的运营能力。

数字化的增长运营需要系统的知识体系，对运营人员的培养也需要系统化。

12.3 数字化运营人员的五大基本功

市面上关于运营的书比较多，比如《跟着小贤学运营》《运营之光》《从零开始做运营》等。关于运营增长，前几年很火的书有《增长黑客》《从CGO到CMO》等，这些书是从不同方面来讲运营的。有的是从基础技能开始讲的，有的是从底层逻辑开始讲的，如果想要了解运营的话，读者可以找相关的书来学习。

但是不同的书在讲运营的时候，有很多不同的名词，比如，数据运营、用户运营、增长运营、新媒体运营、渠道运营等。读者可能会觉得眼花缭乱，到底应该学哪些？到底哪些是实体企业需要的呢？

笔者根据7年来服务于实体企业的过程和对实体企业整体情况的了解，并结合互联网行业的运营经验，梳理出了五大运营基本功。只要具备了这五大基本功（见图12-1），就可以做一个入门级别的运营者了。

图12-1 数字化运营人员的五大基本功

12.3.1 用户运营

互联网企业的运营核心是以用户为中心。这和企业现在做的运营思路是不同的,"以用户为中心"也是数字化运营提倡的核心价值点。只有以用户为中心,做精细化运营,才能实现商品销售持续增长。实体企业做用户运营要有"用户全生命周期"的概念,本书第四篇会详细阐述用户运营的方法论,包括如何连接用户、如何识别用户以及如何分层运营用户。只有做到"投其所好",了解用户,才能持续地收获用户价值。

12.3.2 活动运营

企业现在做活动的流程是什么?比如到了重大节日的时候,一般是怎么做的?据了解很多企业在这方面做错了,往往一提到做活动,运营策划人员先请示老板:"这次营销活动是打八五折还是九折?是用拼团还是用其他优惠措施?"这种只考虑促销的优惠力度以及工具的营销方式是错误的。

完整的活动运营是有标准流程的。首先梳理资源,确定活动目标。然后设计活动的形式。最后按照标准流程来执行。

在设计活动流程的时候,也要遵循精细化运营的规则,把每个细节都融入"以用户为中心"的运营思想中。为了达到好的活动效果,需要数据驱动,且活动的形式应可以随时调整,灵活多变。因为数字化运营是可以实时看到效果的,所以应通过灵活的应对方式对效果不好的活动随时调整。同时,所有的活动形式都要"可裂变",所有的活动环节都要"可分享",所有的活动流程都要"可溯源"。

完整的活动运营的流程将在第四篇讲解,包括活动运营的相关理论、落地工具、运营套路等。

12.3.3 内容运营

对于内容运营,很多人的理解就是发微信公众号文章和在各种媒体上发文章。这种文章内容运营是比较狭隘的内容运营。其实,我们和用户接触的一切信息都可作为运营的内容,比如销售的话术、营销活动的文案、海报上的图片、短视频的内容、直播的主题等,这些都是内容。那么,做内容运营是不是研究一下标题怎么吸引人、文章怎么写得好就可以了呢?事实上,这是不够的。真正的内容运营是通过定位、生产、组织保证和投放的流程设计产生一套组合方案。设计的流程中每个点都有规则,比如标题如何起得更响亮。

起标题名字常见的方式有以下几种。

（1）数字式。标题中用数字，数字可量化，可简单表现内容价值，例如，"如何在 0 预算的情况下拥有 4000 万用户？""关于增长，推荐 10 个有效的策略给你""80000 余次重复书写，一键清除，好用不伤眼"。

（2）研究结论式。用这种方式告诉用户结果，引导用户去探究原因，例如，"研究了 100+ 内容付费店铺，发现'大 V'都在用这些方法新增百万用户""研究了 6 个爆款小程序，我总结了产品增长的四大动因""工作对你造成的困扰，由这 4 种关系决定""战场般的职场中，你手中有这 3 种'武器'吗"。

（3）悬念式。标题中留悬念，采用犹抱琵琶半遮面的方式引起用户的好奇心，例如，"我忏悔，我不应该半夜溜进展览中心……""谷歌搜索这句话，结果有点惊讶""改个标题阅读量涨 100 倍，给你讲几个真实案例"。

（4）提问式。通过提问，引起用户的共鸣，引起用户的关注，例如，"深度实操复盘：我如何做到 4 个群 1 晚营收过百万元？""7 个月进入亿元俱乐部，靠谱好物做对了哪些事？""如何寻找用户增长点？构建小程序用户增长模型""用户对你的产品很满意，为什么还是不肯下单购买？"

（5）蹭热点式。利用热点自带的流量，可以带来高转化率，例如，"玩什么玩具的娃最聪明？看看马爸爸你就知道了！""从星巴克猫爪杯我们能学到什么？""微信'圈子'：一座即将爆发的流量火山！"在内容运营方面，小红书、新氧等互联网平台上的 KOL 就做得非常好。"网易严选"和"什么值得买"这些互联网平台通过内容运营提高了购买转化率。

（6）对比冲突式。利用对比和冲突体现吸引力，例如，"月薪 3 万元的文案已经比不过小学生的作文了！""30 岁熬到管理岗，1 周后我离职了！"

有的是多种方式组合使用，比如，"COSTCO 要来中国！它的'会员制'这么做！"这个标题用了"蹭热点式 + 悬念式"，让感兴趣的人都想了解到底它的会员制是怎么做的。

内容设计出来之后，在每个渠道上如何做投放？不同渠道的规则是什么？例如，虽然都是短视频，但抖音和快手的推广逻辑就是完全不同的。这些都是我们需要总结和学习的经验。

内容运营是经过设计后，用一定方式、方法呈现给用户的，是有标准流程的。

12.3.4 社群运营

徐志斌在《小群效应》一书中提到："人人都想进大群，但是人人只在小群里活跃。"我们通过对微信群活跃情况的研究也发现了类似的规律。盈销熵学院的老师通过样本调查发现，随着社群人数的增加，社群中的用户对社群的归属感会快速降低。在超过 100 人的社群样本中，仅有不到 18% 的群友会觉得自己属于某个社群。高达 97% 的群友表示不会在微信群中聊稍微隐私一些的话题。同时，有近 30% 的人不清楚加进的某个微信群是做什么的，只是留在里面而已。校友群、同学群、同事群等强纽带关系的微信群在归属感方面的指数要高很多，但表示不会在微信群中聊隐私话题的也占到了 90% 以上。而对于超过 150 人的微信群，社群归属感就更弱。归属感的降低和对稍微隐私一些话题的回避，会导致人数太多的微信群反而不容易活跃。

一些特例是，有些前同事群、同学群即便人数较多也能聊很深入的话题，原因是这些人在线下已经是多年的好友，而且其中一部分人会经常线下见面。例如，笔者加入的前腾讯同事组成的一个"无线老兵"群，以及哈尔滨工业大学校友组成的"冰城往事"群，这两个社群非常活跃，用户经常在群里深入探讨一些话题。

因此，一个相对大的社群尽量不要超过 100 人，且绝对不能超过 150 人。超过这个数量的时候就要及时地按照人群属性进行拆分。著名的 IT 技术社群"友联"在微信群规模方面就控制得很好，他们按照地域、行业进行了细分，使得几乎每一个细分的小群都很活跃。

12.3.5　数据运营

通过数据，我们能洞悉一切事物的细节和变化的规律。数据也是驱动运营的核心，能够帮我们进行运营策略的快速迭代，为此我们要基于数据来做运营。例如，做一个活动时，用户触达率是多少？有多少用户打开了活动页面？活动的转化率是多少？如果没有数据，那么我们只做了一半的运营。根据二八原则，我们都知道 20% 的用户可以提供 80% 的业绩，那如何找到那 20% 的用户？此外，我们还需要基于数据对用户进行分层，找到核心用户，挽留有价值的用户等。

因为数字化企业具有数据优势，用户的所有行为都可以用数据来描述，可以很好地识别用户，所以数据是数字化运营的基础，也是数字化企业和传统企业相比有巨大优势的地方。我们在做用户运营的时候，就要考虑如何获取数据、如何用数据来指导运营。

例如，某医疗美容集团进行活动推广的时候，活动开始两小时后，若发现用户点击、推送内容的比例比较低，可迅速地调整推送时间和内容标题，以便使用户的点击率提升。点击率提高之后，运营人员若又发现用户进入"落地页"之后的流失比例很高，便对"落地页"进行调整，使得转化率又有了明显的提升。这只是单次活动中的数据跟踪。在连环运营、用户全生命周期运营中，数据所能发挥的作用会更大。例如，我们通过数据可以知道用户进入的渠道，在什么时间节点他们会更容易接受哪些运营方式。通过对数据自动化的、智能的运营，可以很好地提高用户的转化率和活跃度。

以用户为核心，以数据为驱动，使活动运营达到每一次的运营目标，再结合内容运营来持续地获取用户价值。掌握了这五大运营能力，了解了各自的方法论和规则后，就可以成为一个合格的运营人员，具备数字化运营的思维模式。

第四篇

步步为营——用户增长运营的六大步骤

前面的章节讲述了私域流量是未来的运营趋势,以及如何走出私域流量构建的几个误区。接下来讲述如何真正地构建私域流量,以及如何落地执行。笔者在具体讲解之前,先简单介绍一下要讲解的内容。

(1)如何理解私域流量的数字化运营?

仅仅让用户关注微信号或者把用户拉进微信群里,这不能称为企业的私域流量,这只是企业与用户之间建立了一个初级的、能将信息送达给用户的联系而已。真正的私域流量使企业能够与用户建立连接,让用户认同其价值并能够让用户之间互动起来,从而变成企业资源平台的一部分,这才是真正的私域流量。

(2)有互动才有连接。

企业和用户之间如果没有产生互动,就只是单方面的信息送达,则只能称为"联系",不能称为"连接"。企业和用户之间一定要有互动,用户要能够主动或被动地和企业互动——参与活动或者分享信息,这样才代表用户接受了企业的运营信息,这才能称为连接。如果仅仅是信息送达,用户甚至都没有仔细看企业推送的信息,就是无效的运营。

(3)数字化运营中工具非常重要。

在建立私域流量的过程中,数字化工具非常重要。著名的管理学大师彼得·德鲁克曾经说过:"如果我们不能衡量它,那么我们就不能够管理它。如果不能够管理它,也就不能够优化它"。建立私域流量就需要不停地提高用户转化效率,不停地优化策略。要通过数字化对私域流量进行测量和管理,同时在这个基础上不停地精益求精。

（4）完整的私域流量的数字化运营体系有六大步骤。

步骤一，梳理——发现隐而不见的资源。在构建数字化运营体系之前，要先梳理清楚企业拥有哪些资源和需要哪些资源，然后再对资源的价值进行挖掘。笔者在哈尔滨工业大学的一位校友、中和黄埔的创始人陈明亮，经常说的一句关于资源梳理的话就是"具有显而易见的资源和隐而不见的资源"。顾名思义，"显而易见的资源"就是大家都能看到的，包括我们的同行、上下游及合作伙伴等。对于这些"显而易见的资源"，大家都能看到，都会去抢，所以资源成本也会比较高。同时，这些资源往往已经被充分挖掘。"隐而不见的资源"就是大家都不容易看到的资源，它真实存在，但其价值被很多人忽略了。如果能把这种资源抓在手里，往往会给我们带来非常大的价值。

步骤二，聚集——通过资源撬动资源。在没有私域流量和用户资源平台的时候，想用资源撬动资源是行不通的。就像前面我们提到的彼得·德鲁克说的那句话，如果我们没有办法测量它，那就没有办法管理它。为什么呢？因为无法测量，所以就意味着没有一个数值来表征它的好坏、优劣、多少。如果一个资源无法用数值来表述，其价值就很难直观地体现出来，也就很难用它去撬动别的资源。

举个例子，如果我们想和他人互推公众号，对方有10万个用户，我们有1万个用户。在数量不对等的情况下，别人凭什么和我们互推呢？如果我们的用户质量好、价值大，1个用户的价值可以抵10个用户，就可以达成互推的交易，但这需要提供证据说明这些。如果对方有1万个用户，我们也有1万个用户，彼此的用户价值、质量也互相承认，那么双方就很容易达成共识。即便是公众号互推这么简单的合作，我们也需要通过数据证明和对方的用户是价值对等的，这样才可能顺利互推。如果我们有一个公众号，在不清楚用户数量的前提下想要与他人互推，可能没人愿意和我们合作，因为并没有把它的价值数字化。资源（用户）价值在没有数字化的情况下，就很难用资源撬动资源，因为别人无法衡量我们的资源价值，自然就很难产生交易。

这里的数字化不仅包括容易测量，还包括资源的聚集——用户资源、专家资源、品牌资源……例如，在已有20家上市公司老板在《数字化大咖说》讲课的前提下，再去撬动另外20家上市公司的老板来讲课就很容易了。如果有50万的用户来听《数字化大咖说》，那么用这50万名用户去撬动另外50万名用户，以及撬动更多大咖来讲课，就是非常可行的，这就是通过资源撬动资源。

步骤三，激活——找到用户的兴奋点。如果专家之间不互动、学员之间不互动、专家和学员之间也不互动，那么这些专家和学员就还没有认同我们的价值。如果企业辛辛苦苦聚集起来的用户不活跃，那么用户就很难对企业的价值产生认同，很难对企业的产品产生兴趣，就会功亏一篑，无法成功地构建出企业的私域流量。只有找到用户的兴奋点，让用户觉得在这里能得到有价值的东西，他才愿意一直参与企业的活动，同时为企业带来更多的资源，这就是激活资源。

步骤四，商业转化——来了就买，买了再买。企业的目的是赚钱，做私域流量的目的就是要完成商业转化。在前期的引流拓客过程中，企业所用的引流产品可能并未真正使企业盈利。这就需要了解如何在商业转化中获得利润。只要做好"建立信任""满足需求""提供诱饵"和"便捷行动"4个核心环节即可提高成交转化率。

步骤五，规模与黏性——用户的价值体系与忠诚度设计。在满足了拥有用户资源、能用资源撬动资源并且找到了用户兴奋点的条件下，我们需要追求用户的规模和长期黏性，这样才能真正实现企业的盈利。如何设计长期的用户激励体制让用户具有忠诚度会在本章后面讲述。

步骤六，裂变——资源裂变的7种武器和3个关键点及六要素模型。用户的分享是企业最具价值的营销资源。但用户凭什么帮企业分享呢？这就需要在资源裂变时，提供给用户一个分享的理由。这个理由要么是利己的，要么是利他的，这样用户才有动力去主动分享。在用户帮企业进行传播裂变的过程中，需要为用户提供便捷的工具，让用户可以低门槛地完成这件事。同时，本章会介绍需要资源裂变的7种武器，资源裂变的3个关键点。

第 13 章

步骤一：梳理——发现隐而不见的资源

第13章 步骤一:梳理——发现隐而不见的资源

私域流量就是用数字化的方式聚集企业的资源,通过精细化运营让资源发挥更大的价值。我们将资源分类,并探讨如何运用和发现这些资源,如用户资源、专家资源、合作伙伴资源、IP资源等。我们可以通过鱼骨图把各个资源维度画出来,然后一个一个地去思考运营方式,这样更容易分析和挖掘资源。如何做好数字化增长运营中的资源挖掘,下面举例来详细说明。

构建用户增长运营体系的第一个步骤就是资源的梳理和挖掘。无论是显而易见还是隐而不见的资源,都是通过用户、渠道、专家、产品、IP、伙伴等这些维度进行梳理和挖掘的。如果能够把罗列出来的资源维度都通过鱼骨图展示出来(见图13-1),这就会有利于梳理资源。鱼骨图又名石川图,是日本管理大师石川馨先生提出来的。

梳理资源的目的是要清晰地知道我们有哪些资源,我们需要实现什么样的目标,实现这样的目标还缺什么资源。想办法把资源和目标连接起来,并使用资源实现我们的目标。

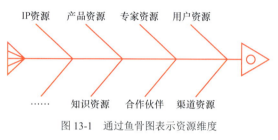

图13-1 通过鱼骨图表示资源维度

对于显而易见的资源梳理,不再一一列举。接下来讲一个例子,看看如何发现隐而不见的资源,以及在这个过程中如何把一些"虚"的资源变成"实"的资源。

13.1 明确目标

狮子座流星雨被称为流星雨之王,大约每33年会出现一次狮子座流星雨。天文学家们预测,1998年是狮子座流星雨的高爆发年。更早之前,在1966年,狮子座流星雨曾经出现过每小时10万颗流星的壮观场面。因此,1998年的狮子座流星雨在我国引起了全社会的广泛关注,当时各种媒体——电视、报纸、广播都争先恐后地报道狮子座流星雨即将来临的消息。那时笔者在哈尔滨工业大学读本科,任学校的天文协会外联部部长,主要工作是给协会找人、找钱、找资源。

在狮子座流星雨来临之际,天文协会必然要组织会员们一起观测流星雨,但这不是简单地让大家在校内找个地点集合,然后一起抬头看星星。因为市中心的光污染很严重,仰望星空也无法看到更多美丽的星星,所以天文协会为了把会员们组织到郊外去欣赏流星雨,就需要一定的资金来解决交通费的问题。另外,1998年11月17日的哈尔滨已经非常寒冷,如果在荒郊野外的雪地里看完流星雨之后,再让会员们整宿都暴露在室外,这是非常不现实的,而且也很危险。而要提供室内的避寒及过夜等，同样需要经费。我们天文协会当时想组织会员去哈尔滨市松花江北部的太阳岛一带观看流星雨，但租车、住宿这些都需要经费。

为了组织天文协会的会员去看狮子座流星雨，我们不仅需要为会员提供达到目的地的交通工具，还需要为会员提供避寒的场所。

当时天文协会的骨干人员就只有 4 个人，可以说是缺人、少钱。后来，笔者冥思苦想了一周终于想到了解决办法。

13.2 发现资源

前文讲了按照鱼骨图，把资源分成用户、渠道、专家、产品、IP、伙伴等维度来梳理隐而不见的资源。当时笔者就是按照这个逻辑来梳理看流星雨活动的，在活动运营中还真发现了天文协会有一个特别大的资源，也是非常有价值的隐而不见的资源——狮子座流星雨。狮子座流星雨在 1998 年通过媒体和报纸的报道之后，引起了非常广泛的关注，大家都在关注和讨论这个事情。在互联网行业有句话是"目光聚集之处，即为金钱所在之地"。狮子座流星雨被如此广泛的关注，实际上已经形成了一个巨大的"IP 资源"。但这个"IP 资源"还是虚的，不能够带来实实在在的好处。接下来，怎么把狮子座流星雨这个备受关注的"IP 资源"变成实际可用的资源呢？

13.3 落实资源

某报纸是哈尔滨发行量最大的 3 种报纸之一，通常报道一些居民喜闻乐见的、与居民生活紧密相关的内容。由于当时狮子座流星雨受到广泛关注，因此该报纸也会在每一刊上都刊登一些天文学方面的知识来吸引读者。天文学是一个专业领域，报社的编辑们虽然可以找到一些资料，但专业程度略显不足。天文协会会员在有关流星雨的知识上具有优势，于是我们找到这个报社，承诺每天给报社提交一篇天文学方面的文章，这个文章就是我们的"资源"。最终我们与该报社签了合作协议。

我们用文章"资源"争取到了报纸这个资源（渠道资源）后，我们可以发文章指定观测地点，帮与我们合作的商家推广和宣传。

我们天文协会带着合作协议在松花江北部寻找适合过夜避寒的地点，最终将目标定为黑天鹅度假村，因为它有两个多功能活动厅（一大一小）可以满足会员的休息、避寒等需求。于是我们找到黑天鹅度假村负责的经理，向他承诺能够在哈尔滨发行量前三的报纸报道黑天鹅度假村是狮子座流星雨最佳观测地点，合作的条件是1998年11月17日晚上10点之后向我们天文协会会员免费开放两个多功能活动厅。黑天鹅度假村的经理很快答应了，我们之间也顺利地签订了合作协议。

黑天鹅度假村免费的"场地资源"解决了住宿的问题，剩下的就是租车的资金需要落实。

然后，天文协会到黑龙江大学、东北林业大学招募会员，会员的会费从原来的10元调到20元。我们用来吸引学生们入会的条件是会员可以免费参加天文协会组织的"狮子座流星雨观看活动"——这也是天文协会的"产品资源"。天文协会为参加活动的会员免费提供来回的交通，以及当晚的避寒场所。当时，哈尔滨市的松花江北部还没有通公交车，出租车的费用很高，而且黑天鹅度假村的门票是60元/人。这笔经济账非常好算，所以大部分学生很乐于入会。天文协会用了几天的时间就招募到了500多名新会员，将天文协会的会员人数扩充到了800多名。通过会员交的会费，租车的钱也解决了。

整个活动结束后，天文协会不但不需要别人的赞助，最后一结算还剩余了一些钱。

完成这件事情之后，天文协会并没有浪费掉已经拥有的一些资源。我们拥有了800多名的会员，以及哈尔滨发行量第三的报纸和黑天鹅度假村两个合作伙伴，所以我们后来又策划了一系列的活动，一直到笔者研究生毕业，天文协会都没有缺过资金。

13.4 案例回顾

在梳理资源的时候，要列出来有哪些"资源"，以及我们想要完成的"目标"。如果能够把资源和目标联系起来，这样资源挖掘就成功了。注意，目标一定要足够细分、足够具体。比如，我们组织天文协会会员看狮子座流星雨的活动中，如果把提供"避寒"场所改为提供"住宿"，就会很难实现目标。

我们再总结一下这个案例中挖掘出来的资源。

（1）IP资源。这是其中最大的资源，即狮子座流星雨。

（2）知识资源。天文知识也是一种资源。

（3）产品资源。看流星雨这个活动其实是一个服务型产品，天文协会的会员证就是产品的价值表现形式——持有会员证可以拥有免费乘坐交通和享用避寒场所的特权。

我们天文协会通过这一系列的操作完成了资源的挖掘，成功地举办了这次活动。所以要善于发现并挖掘这些隐而不见的资源，资源一旦挖掘出来，往往能够提供很大的价值。

第 14 章

步骤二：聚集——通过资源撬动资源

第14章 步骤二：聚集——通过资源撬动资源

对资源进行梳理和挖掘后，还需要把显而易见和隐而不见的资源都聚集起来。

如何聚集资源呢？我们一般会想到要定义目标后搞一些活动，通过活动帮用户建立关系。同时给这些用户找一些共同点，比如同学、同事、同乡。读者应该都在微信上加入了一些同学群、同事群、老乡群，而且加入之后基本不会退群。

同学具有天然的"朋友"关系属性。无论是小学、中学，还是大学同学，他们通过同学关系这个纽带进行连接。在大学里作为纽带的还有校友会、校友俱乐部等。比如笔者参与的《数字化大咖说》就是哈尔滨工业大学校友创业俱乐部、哈尔滨工业大学校友会等组织一起举办的。基于同事的组织也非常多，比较大规模的通常是离职员工组织的，比如，腾讯离职员工的"南极圈""单飞企鹅俱乐部"，百度离职员工的"百老汇"，阿里巴巴离职员工的"前橙会"……

基于地域，有一些老乡组织、地方商会组织等。零售型和服务型的连锁企业可以组织一些基于地域的、小规模的社群，让企业和用户之间建立网状连接。

基于身份的社群的例子包括"友连"聚集了数千名实体企业和互联网企业的CTO和CIO等，"新消费CMO联盟"聚集了很多新兴零售企业中负责市场营销的副总裁，"新零售总裁华秉会"聚集了很多零售企业的创始人和董事长以及总裁等。

基于这些关系、地域、身份的社群具有比较强的认同感，相对稳定。

上述所有的社群都给了用户一个共同的价值和利益。这个价值和利益不一定是钱财方面的，有时候是一种情怀、一种使命感、一种价值观，让用户愿意聚在一起去做某件事情。而且，通过完成这件事，用户能够获取到成就感和快乐。这就是一种价值，并不一定建立在经济利益的基础上。

14.1 用户聚集的六大驱动力

笔者的腾讯前同事徐志斌在《小群效应》里面列举了社群运营的六大驱动力——利益驱动、事件驱动、兴趣驱动、荣誉驱动、关系驱动、地域驱动。

6种驱动力之间的关系如下：

（1）兴趣驱动不如地域驱动；

（2）事件驱动不如关系驱动；

（3）利益驱动不如荣誉驱动。

下面笔者重点说一下利益驱动。

14.2 利益驱动的资源聚集

再看一个实体行业如何把资源用活的例子。某商业企业在信息化建设的时候，实施的 ERP（企业资源计划）系统用的是世界 500 强都在用的 SAP 的产品，功能很强大；用的 CRM（用户关系管理）系统是一家上市公司的软件产品；用的店铺收单（Point Of Sale，POS）的系统也是一家上市公司的软件产品；用的 OA（Office Automation）系统是一家很著名的公司的软件产品。综上信息可知，该企业的信息化系统已经做得很好了，各个系统把各自的资源管理得很好。但是这些资源没有有机地融合到一起，没有让资源起到更大的作用。

这家商业企业所在行业的客户很精准地掌握在上游行业的手中，上游行业为这家企业进行推广的时候存在两种付费形式，一种是按推荐过来的人数付钱，另一种是按成交金额的比例付钱。

按成交金额的比例付钱的方式存在统计上的困难。按推荐过来的人数付钱会存在这样一个问题：按人数付钱，推广费用高了，商家的成本就高了，商家存在赔钱的风险；推广费用低了，上游企业就不愿意帮企业推广，企业就赚不到钱。要解决这两个问题，企业就需要进行数字化升级。

企业的数字化升级分成几个方面——销售数字化、服务数字化、流程数字化等。这家商业企业需要解决的问题是销售数字化。通过数盈等数字化系统，让上游企业成为异业联盟成员，然后让上游企业把每一位顾客的照片上传到数字化平台上。当顾客购买企业产品的时候，通过摄像头识别人脸并和上游企业上传的照片做对比就可以知道这个顾客是谁，是哪一家上游企业带来的客户。然后再通过后台的 ERP 系统查找订单，就知道这个顾客消费了多少钱，这样就可以按照销售额给上游企业提成了。对于企业来说，目的是销售商品，付一些推广费是愿意接受的；对于上游企业来说，按销售额提成来收取推广费用比原来更划算，因此它们就更愿意帮助企业进行推广了。所以，通过数字化的思维把资源梳理出来、聚集起来和传统的运营模式产生的效果是不一样的，这家企业的业绩因此得到了非常大的提升。

14.3 资源聚集的策略定位

我们在做用户资源聚集的时候，到底是应该基于内容来吸引用户，还是应该基于关系来吸引用户呢？这要看产品自身的特性。可以参考今日头条的一个定义方法

（见图14-1），箭头的左侧代表的是信息，右侧代表关系，这个箭头模型经常用来区分某个产品到底是社区、社交，还是新闻产品。

图14-1 今日头条商业计划中关于媒体属性和社交属性的定义[①]

图14-1非常清晰地展示了媒体属性和社交属性对应的区别与走向。越偏向社交属性的，就越应该通过关系来对用户进行运营；越偏向媒体属性的，就越应该通过优质内容来对用户进行运营。对于很多零售型企业来说，所运营的用户私域流量具有很强的地域性，相对应的是以人群为中心的定位。这种适合让用户之间成为朋友的企业，需要按照社交属性来对它的用户进行运营。

14.4 用资源带来更多的资源

聚集资源，用资源撬动资源。例如，笔者做哈尔滨工业大学百年校庆《数字化大咖说》的过程中，IP资源即哈尔滨工业大学（简称哈工大），哈工大是国家重点建设的高校之一。专家资源就是笔者所邀请到的大咖，如国富资本的熊焰老师、腾讯前高级副总裁刘成敏老师、中环装备首席科学家杜军老师、开心网创始人程炳皓老师、德州倚品扒鸡董事长常学勇老师等。再看用户资源，熊焰老师在《数字化大咖说》中做首播的时候，就达到了1.3万人次的观看量；比格比萨的创始人赵志强老师在做第六期《数字化大咖说》直播的时候，达到了2.4万人次的观看量。这就是利用专家资源撬动用户资源。同时，通过用户资源也可以反过来撬动更多的专家资源。

此外，专家资源可以带来更多的专家，用户资源可以带来更多的新用户。例如，当企业有10万用户的时候，可以找多个拥有10万用户又不彼此竞争的企业进行合作；如果找了10家，就可以针对100万用户进行推广，从而带来更多的用户资源。

---

① 资料来源：北京字节跳动科技有限公司（今日头条母公司）2013年B轮融资商业计划书。

14.4.1 农夫山泉的跨界合作

1. 农夫山泉 + 网易云音乐

2017 年 8 月,农夫山泉和网易云音乐进行了合作。网易云音乐从 4 亿"乐评"中精选出点赞数最高的 8000 条"乐评",再根据"文字简练便于印刷""年轻有趣""易于理解"这 3 个标准,最终选出了 30 条打动人心的评论,印制在 4 亿瓶农夫山泉天然饮用水"乐瓶"上,让每一瓶水都自带"音乐故事"。图 14-2 展示了网易云音乐与农夫山泉跨界合作的宣传海报。令人惊喜的是,此次和农夫山泉的跨界营销活动不仅仅停留在"看"的阶段,为了进一步增加音乐的趣味性和互动性,"乐瓶"更添加了增强现实(Augumented Reality,AR)技术。使用最新版的网易云音乐 App 扫描瓶身"黑胶唱片区域"图片,即可在手机上迅速体验定制化 AR 界面。将 AR 与音乐结合在一起,在国内营销界也算是首例。

这次活动既通过农夫山泉带动了网易云音乐 App 的下载,又通过网易云音乐强大的 UGC 和自身的客户带动了农夫山泉的销售额增长。

图 14-2　网易云音乐与农夫山泉跨界合作的宣传海报

2. 农夫山泉 + 故宫

在 2018 年 8 月,农夫山泉又和故宫文创一起合作推出限量版瓶装水,其瓶身以康熙、雍正、乾隆三代帝王的人物画像以及嫔妃为背景,配上一些诙谐有趣或文青风格的文案,让瓶装水充满了情趣和文化感。图 14-3 展示了农夫山泉与故宫文创跨界合作的宣传海报。

图 14-3 农夫山泉与故宫文创跨界合作的宣传海报①

14.4.2 喜茶的跨界合作

喜茶引领了这两年的奶茶风向。喜茶除了做各种营销引流,还和很多面向年轻人的时尚品牌进行了跨界合作。

1. 喜茶加某化妆品企业

在 2018 年 10 月,喜茶宣布与某化妆品企业推出一系列的联名款产品,不仅包括联名款喜雀礼盒、喜茶会员卡,还包括线下喜茶门店的特别菜单、茶饮的杯套。借助某化妆品企业在上海人心中的地位和经典的怀旧情节,喜茶快速地扩充了上海的市场。图 14-4 展示了喜茶和某化妆品企业跨界合作的宣传海报。

此外,喜茶还和一系列的品牌展开了跨界合作。

2. 喜茶加倩碧

马卡龙加粉色盒子是年轻女孩儿们的最爱之一。图 14-5 展示了喜茶和倩碧跨界合作的宣传海报。倩碧的主要消费人群的年龄是 20 ~ 35 岁,而喜茶的用户群体中 16 ~ 35 岁年龄段的占比达到了 90% 左右(见图 14-6)。

3. 喜茶加太平鸟

红红的服装,象征着红红火火,同时很受年轻人的喜爱。太平鸟用户群体的年龄分布主要在 25 ~ 34 岁,这与喜茶的主要用户群体的年龄分布相似。图 14-7 展示

---
① 图片来源:农夫山泉与故宫文创的活动宣传。

了喜茶与太平鸟跨界合作的宣传海报。

图 14-4　喜茶和某化妆品企业跨界合作的宣传海报

图 14-5　喜茶和倩碧跨界合作的宣传海报

图 14-6　喜茶各年龄段用户占比[①]

图 14-7　喜茶和太平鸟跨界合作的宣传海报

---

① 数据来源：极光大数据。

此外，喜茶还与欧莱雅、得宝以及其他很多有地方特色的品牌进行了合作。与喜茶合作的这些品牌都有一个共同的特点，就是和喜茶定位的人群非常接近，可以彼此互相拉动销售额。喜茶通过这些跨界合作，突破了"圈层陷阱"，成功地进行了跨界引流。

有一些企业也尝试过跨界合作，但感觉用处不大，就浅尝辄止了。都是跨界引流，为什么会有不同的效果呢？

这是因为喜茶有强大的引流和转化能力，而这个能力是基于喜茶的数字化系统打造的。我们对喜茶的定位是一家茶饮企业，而喜茶对自己的定位是一家科技公司——喜茶在2019年就有了一个包括200多人的软件技术研发团队——这就保证了喜茶的数字化系统相对强大和完善。资本市场上，投资人给喜茶的估值也不是按照茶饮企业来估值的，而是按照互联网企业来估值的。

同样在很多人眼里，微众银行是一家金融公司，而微众银行对自己的定位是一家做大数据、人工智能和区块链的科技公司——这些数字化方面的能力让微众银行的盈利能力远远领先于传统银行。

这些数字化应用有效地提高了喜茶和微众银行的单位经济效率。

14.5 《数字化大咖说》的驱动力及资源撬动分析

首先，《数字化大咖说》是一系列大咖的分享活动，活动的内容是用来吸引用户的。而用户参与《数字化大咖说》则是为了获取利益——学到知识，同更多的人做朋友。

例如，《数字大咖说》邀请国富资本的熊焰老师做分享。如果以报酬为前提去邀请他，是没有办法邀请到的。但这是哈尔滨工业大学百年校庆的活动之一，作为哈尔滨工业大学校友总会的副会长、北京校友会的会长，熊焰老师出于荣誉的驱动、情怀的驱动，参加了母校百年校庆的活动，并且带动了更多的知名校友来做分享。熊焰老师在哈尔滨工业大学校友创业俱乐部上多次阐述了自己的愿景——推动100家由哈尔滨工业大学校友创办的企业实现上市，这是一个非常高尚的情怀。

《数字化大咖说》做了3件事来完成资源的聚集和撬动更多资源。

（1）《数字化大咖说》进行了流量"收割"，把线下场景和线上场景的用户全都聚集起来了。线上场景中，通过进入数字化平台观看视频直播；线下场景中，通过把《数字化大咖说》分享给一定数量朋友的用户就可以来现场观看，这些用户同样也可以进入数字化平台。

（2）通过专家圈子把专家运营起来。专家们聚集在一起，彼此之间也有交流的需要，互相交朋友，而且关于一些经营观点和理念，大家可以一起讨论和碰撞。

（3）进行了异业联盟、跨界引流。我们有了用户和资源后，就可以与别人进行交换，进行跨界引流。数字化的资源能够看得见、摸得着，能够让其他人很清晰、直观地感受到，因此更容易进行资源的互换、互通。

《数字化大咖说》通过做这3件事便将资源聚集起来了。

我们前面讲了资源聚集的底层驱动力、策略定位，资源带动资源，分析了《数字化大咖说》中资源聚集的驱动力和资源是怎么撬动更多资源的。那对于很多门店或者线上商城的读者来说，最大的一块资源就是用户资源，这个资源怎么聚集呢？接下来重点讲述门店用户资源的聚集。

14.6 门店流量的来源和价值

14.6.1 门店流量的来源

门店用户资源的聚集称为门店流量"收割"。在做流量"收割"之前，按照资源梳理的方式，先看一下有哪些流量是可以"收割"的。

（1）自有门店流量（包括进入线下门店和进入线上商城的用户）。进店后，用户已经和企业产生了接触，可以通过一些策略进行流量的"收割"。

（2）商圈门店流量。有些企业的店铺开在百货楼、购物中心或者某个商业街区里面，来这里的用户群属性往往和企业的目标用户群属性有一定的相似性，如消费层次、地域、喜好等。在商圈流量的利用方面，家装行业做得比较好，很多互不竞争的家居品牌联合成立了一个联盟商家进行客户营销。例如，卖地板的商家、卖橱柜的商家、卖卫浴的商家等联合起来，通过优惠打折的方式把联盟商家中每一家的客流都聚集起来，然后让这些用户的需求尽可能地在联盟商家的范围内得到满足。

（3）异业资源流量。对于很多亲子营地来说，学校、幼儿园可能就是它们的异业资源。有些企业一般通过关系或者一些相对固定的利益与这些异业资源进行合作。数字化的异业联盟合作可以实时地让异业合作方获得收益，并且能够对异业资源进行持续的活跃度运营。例如，通过利益驱动，导游给某购物中心带来更多的游客资源，就是一种对异业资源流量的"收割"。

14.6.2 流量"收割"的价值

对于门店来说,门店的客户就是最有价值的流量。显然,这些到店消费的客户就是企业的高价值客户,也是企业的精准客户。把门店流量"收割"做好,就可以帮助企业建立自己的"用户池",而"用户池"是对用户进行价值运营的基础。

门店的流量"收割"可以给企业带来巨大的价值。以珈禾整形集团为例,旗下的宁波珈禾医院制订了一个很简单的流量"收割"计划。把一张海报放在接待大厅里,它的微信公众号每天可以新增 200~300 个粉丝,到周末的时候还可以达到 300 个甚至 400 个(见图 14-8)。

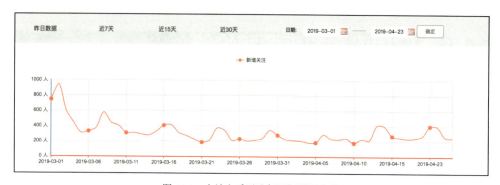

图 14-8　宁波珈禾医院每日新增用户数

每个企业都要聚集用户,企业每天都有很多浪费的、流失掉的用户,为了把他们全都"收割"起来,就要有一个好的门店流量"收割"的落地执行方案。

下面以门店流量"收割"为例,来讲解如何进行流量"收割",建立企业自己的"用户池"。

14.7　通过"收割"门店流量聚集用户资源

门店用户是线下实体企业最有价值的流量资源。因此,对于实体企业来说,建立私域流量的一个非常重要的工作就是要把线下门店的用户流量聚集起来。

14.7.1　门店流量"收割"的4个关键点

如何"收割"门店流量呢?一共有 4 个关键点。

1. 体系设计

设计一个有效的流量"收割"方案，体系设计有识别浪费的流量、寻找"收割"机会点、设计"收割"方案、方案优化更新 4 个关键步骤。

2. 激励机制

让相关工作人员参与制定用户的激励政策。此外，还可以借助员工工作成效榜单排名（如日排行榜、周排行榜、总排行榜等）激励员工。

3. 人员培训

对执行人员的培训，包括做某件事情的意义、可能遇到的问题、如何解决问题和操作步骤，以及执行过程中和用户进行沟通的话术，例如接触点话术、关键点话术、拒绝后话术、挽留话术等。

4. 软件落地

门店流量"收割"的执行离不开数字化软件的支持。脱离数字化工具，仅仅靠人来执行是做不好的。通过数字化工具可以对数据进行跟踪，可以对活动效果进行实时分析，并且能够及时地进行复盘总结，还可以根据数据来对活动进行进一步的优化。

要想做好门店流量"收割"的落地执行，这 4 个环节缺一不可。由于篇幅有限，本节仅重点讲解第一个环节——体系设计。

14.7.2 门店流量"收割"的体系设计

门店流量"收割"的体系设计分为识别浪费的流量、寻找"收割"机会点、设计"收割"方案、方案优化更新 4 个步骤（见图 14-9）。

图 14-9 门店流量"收割"的体系设计

1. 识别浪费的流量

哪些流量在以往被白白浪费，但通过流量"收割"体系是可以"收割"的呢？

（1）购买过产品的用户。这些已经购买了企业产品的用户对企业的价值认同是很高的，而且是愿意为产品付钱的用户。这些用户流量绝对不应该浪费掉，而要想尽办法将其聚集到企业的数字化资源平台上来，并进行持续的运营。德州倚品扒鸡为每一个购买产品的新用户都会赠送一个开卡大礼包。这有效地提高了用户的复购率和黏性，把过客变成常客。

（2）咨询未购买/体验后未购买的客户。这些用户虽然暂时没有购买，但他们很显然是有兴趣、有需求的。不买单的原因可能有多种，除了产品的基本属性无法满足用户需求这个原因造成的未购买，其他情况下可以通过运营的方式来促成用户的购买。

（3）路过店面而不入的用户。这些用户可能对企业的产品没有需求或者不感兴趣，但是他们和企业的目标客户往往是属于同一个圈层或同一个区域的。如果把这些客户用好了，不仅能挖出目标客户，也可能会带来更多的新目标客户。飞美地板的某个门店在居然之家的位置特别好，紧挨着电梯，但是以往用户下了电梯，不进这个店而直接去了别的商户。后来，他们进行了一些门店流量的"收割"体系设计，很好地利用了这部分流量。

（4）同一个商圈的客户。在前面的流量分类中，我们提到了商圈流量，商圈流量也是可以通过门店流量"收割"计划进行"收割"的。

识别出这些流量之后，要确定哪些流量是符合企业需求的，并且是可以"收割"的。

注意

无论如何，有购买记录的用户都一定要"收割"到数字化资源平台上来。

2. 寻找收割机会点

在设计门店流量"收割"计划体系的时候，需要找到"收割"的机会点，这也就是和用户建立连接的机会点。在华秉盈销商学院的"盈利增长训练营"培训课程中，边亚南老师给出了一个机会点识别工具（见图14-10）。

在机会点识别中，首先要找到用户的触点，常见的有用户经过门店的时刻、进入门店的时刻、排队的时刻（非必然出现）、导购和用户进行沟通或用户进行产品体验的时刻、用户离开的时刻以及用户买单的时刻。

在这些对应的时刻，用户存在的需求、疑问、感受、想法等都能够成为企业与用户建立连接的机会和理由。只要有一个合适的转化工具就可以进行收割。

比如北京著名的商业购物中心秀水街就抓住了用户离开这一时刻的停车费缴纳的这一触点，推出了积分自动抵扣停车费的活动。用户只需要扫码加入会员，登记好自己的车牌，在开车离开停车场的时候，就会用会员积分自动抵扣停车费。这一措施通过为用户提供价值，完成了对用户流量的"收割"。后来有很多购物中心及百货大楼也采用了这种积分自动抵扣停车费的流量“收割”方式。

CGO训练营 Welcome To CGO Training Camp

盈销商学院

数字化运营工具包 4

运营机会点识别工具

用户触点	需求和疑问	感受（不认识 有认知 认可）	想法	转化工具
经过门店				
进店				
排队（非必需）				
沟通／体验				
离店				
成交				

图 14-10 “盈利增长训练营”中的机会点识别工具

3. 设计“收割”方案

根据上一步识别出来的“收割”机会点，设计对应的“收割”方案。在机会点识别工具中确定的转化工具就是设计“收割”方案的载体，比如优惠券、二维码、互动大屏、海报等载体。在此载体上，设计我们的“收割”方案。

以飞美地板为例，在和用户沟通的环节它设计了“飞美好物”这个工具，用于进行门店流量“收割”。由于对地板这类产品只能看看形状、花色或者摸摸手感，更多的信息通过肉眼是很难看出来的，因此飞美地板在每一款产品上都贴了一个可以了解更多地板知识的小程序二维码，用户用微信的“扫一扫”功能即可查看某款产品的材质、设计要点、价格等信息。

此外，飞美地板还在用户的体验环节设计了 1200 张“3D 户型图”，让用户可以通过这些户型图搭配地板的款式和颜色，感受自己的家换了地板之后的效果。同时，在其他地板店铺进行挑选时这些功能也为用户提供对照参考。

用户通过“飞美好物”可以方便地记住各种地板的材质、报价等详细的商品信息，同时也方便和其他商家进行比价。用户通过“3D 户型图”可以很方便地感受到房间换了地板之后的效果。多亏了这些价值，即使用户离开了飞美地板的门店，也会继续使用这样的工具，这就达到了流量“收割”的目的。通过这些流量“收割”工具，可让进入门店的用户聚集到飞美地板的数字化平台上，为后面的数字化运营提供基础。

4. 方案优化更新

在方案优化更新环节，笔者推荐采用PDCA方法，即计划（Plan）、执行（Do）、检查（Check）、处理（Action）。PDCA方法是美国质量管理专家休哈特博士首先提出的，由戴明采纳和宣传，进而得到普及，所以又称戴明环。PDCA方法是全面质量管理的思想基础和方法依据。这个思想理论在对应运营方案、活动优化以及企业内部一些事务的处理流程方面都是有非常大的指导意义的。国内一些咨询管理机构提出的4Y理论、4R理论等，都是基于PDCA方法演化而来的。PDCA方法是非常成熟的方法体系，想深入学习PDCA方法的读者，可以读一读日本金融服务公司ZUU的创始人富田和成著的《高效PDCA工作术》。

在门店流量"收割"计划中，由于我们采用的是数字化运营的方式，因此可以实时看到效果数据、执行情况数据、用户的反馈等，能够实时地根据这些数据进行分析并改进计划，以便迅速地实施。笔者指导的一家企业，之前在做活动运营时，往往在执行两三天之后才能进行复盘分析活动的效果，但是采用了数字化运营之后，两三小时后就可以进行一次复盘和优化活动。这些及时的复盘和优化非常有效地提高了活动运营的效果。

第15章

步骤三：激活——如何找到用户的兴奋点

第15章 步骤三：激活——如何找到用户的兴奋点

在前面两个步骤中，先梳理挖掘资源再通过流量"收割"等方式把资源聚集到企业的数字化平台上，但这时还不能称为和用户真正建立了连接，还需要用户和企业进行互动，需要用户认同企业的价值，并留存在企业的数字化平台上。那么，如何才能让用户留下呢？在心理学上，首先，需要用户在瞬间觉得有价值、很喜欢；其次，要让用户能够经常想起这个品牌。

15.1 "愉悦时刻"

怎样才能让用户在瞬间觉得某品牌有价值并很喜欢呢？有一个很成熟的名为"愉悦时刻"的理论。"愉悦时刻"也称为"Aha moment"，由德国心理学家及现象学家卡尔·布勒在100多年前首次提出。戴维·珀金斯博士在《尤里卡效应：突破性思维的艺术与逻辑》一书中称其为"尤里卡效应"。我们要想留住用户，就需要帮助用户很快找到这个"愉悦时刻"，这样，用户留下来的概率就会高很多。

为了帮助读者理解"愉悦时刻"这个概念，下面通过实例说明一下"愉悦时刻"是什么。

15.1.1 常见互联网产品的"愉悦时刻"

笔者曾经教过自己的父母如何使用微信，教的过程很顺利。当父母添加了亲戚朋友的微信并和他们视频聊天的时候，就觉得非常开心。微信用户的"愉悦时刻"是用户添加了一些好友，并且和好友产生了互动，这时用户就会觉得微信还挺好。

脉脉是做商务社交关系链的，对于脉脉上的用户来说，他的"愉悦时刻"就是添加了一定数量的人，并通过这些人进入了更大的人脉圈。同时，有新朋友加入的时候会发邮件给你，如果你感兴趣，就可以打开邮件看一看。有些人喜欢进入各种各样的社群圈子，在那里可以拥有更多的人脉。

新浪微博上用户的"愉悦时刻"是用户关注名人后能够看到名人的动态，或者关注自己的好友后能看到好友的动态信息，让用户觉得很开心。

玩抖音的用户在抖音上的"愉悦时刻"是什么呢？一是在抖音上看到好玩的视频——有的人喜欢看跳舞，有的人喜欢看美食，有的人喜欢看各种娱乐趣事。当看到喜欢的视频的时候，抖音用户的第一个"愉悦时刻"就来了。然后用户会发现拍这个视频好像很简单，自己也能拍，于是也拍摄并上传了短视频，发现很有意思，分享给亲朋好友看一看，很好玩，这是抖音用户的第二个愉悦时刻。所以，抖音用户的两个"愉悦时刻"能够迅速地把用户激活,并且产生了非常好的传播效果。

15.1.2 线下产品和服务的"愉悦时刻"

Injoy Flower 的讲师在商店里教授花艺课后,当用户组装出第一束让自己满意的插花的时候,会因为成就感而产生一个"愉悦时刻"。蜜罐儿在做儿童创造力培训的时候,带孩子来学习的家长看到自己的小孩儿第一次完成课后作业,第一次做出有创造力的小东西的时候,会为自己的小孩儿感到自豪和骄傲而产生一个"愉悦时刻"。这个时候,他们都会很开心地将这些信息通过微信发给自己的亲朋好友。

但如果"愉悦时刻"比较靠后,就会降低用户对产品和服务的价值感受。因此,一种方法是把"愉悦时刻"提前。比如,让参加花艺培训的用户在第一堂课上就能制作出一束简单而漂亮的插花,让参加创造力培训的儿童上第一堂课上就能做出一个简单而有意思的小东西。另一种方法是在一些"愉悦时刻"之前设计新的"愉悦时刻",比如,花艺课上,精美的原材料和道具让用户产生了拥有感、欣赏感,这也是用户的一个"愉悦时刻"。创造力课上,小孩儿听得很认真,而且能够举手回答老师的问题,这也会是家长的一个"愉悦时刻"。

15.1.3 如何发现用户的"愉悦时刻"

用户的"愉悦时刻"对于企业运营用户来说非常重要,那怎样才能找到用户的"愉悦时刻"呢?通常有3种途径。

(1)分析用户的行为数据。前面提到,管理大师彼得·德鲁克曾经说过,"你只有能够测量它,才能够管理它。"微信、脉脉和新浪微博都是数字化企业,其用户的行为数据是天然沉淀在平台上的。通过对数字化平台上的用户行为数据的分析和挖掘,可以找到用户的"愉悦时刻"。

(2)分析用户的反馈意见。企业应与用户建立联系,使用户愿意向企业提供反馈信息,这样企业就可以更好地收集用户的反馈意见了。飞美地板企业就特别重视收集用户的反馈意见,他们发现用户在使用过程中有哪些痛点之后,针对这些痛点直接推出免费服务。这些服务让用户特别高兴,用户对企业的黏性自然很强,商业转化率就会提高。

(3)挖掘流失用户。看看用户流失的原因,分析在哪些节点流失的。笔者以前在腾讯做过手机 QQ 用户的流失原因分析工作。那时候,我们会分析这些用户的流失周期,也就是用户用了这个产品多少天后离开的,在哪一个节点流失率比较高。之后进一步挖掘用户流失的原因。用户的流失分析也有助于企业找到用户的"愉悦时刻",因为用户流失了,反映的就是用户不愉悦。那反过来怎样才能把不愉悦变成愉悦?往往不愉悦的东西通常都是用户的一个需求痛点,如果企业的产品能把用户的痛点解决了,那么就给用户提供了非常好的"愉悦时刻"。

15.2 如何不"骚扰"用户而高频送达信息

为了激活用户,互联网产品几乎"见缝插针"地接触用户。例如,我们手机上的大多数 App 几乎天天推送消息。而线下实体店给用户推送信息的频率则非常低,甚至很多企业仅在每年年底给用户群发一次积分兑换礼品的短信。很多人担心企业推送信息的频率过高会让用户感觉受到骚扰。

那如何才能既高频地推送信息给用户,又不让用户觉得受到骚扰呢?一个比较通用的解决方案是精准送达。根据用户的属性标签来对用户进行分群分层,多数 CRM 类软件支持这种操作。不过仅仅有属性标签还不够,还需要结合用户的生命周期标签,因为用户在不同生命周期阶段的需求不同,对企业的价值认同感也不同。例如,刚刚和商家接触的用户、在商家买过一次促销商品的用户和在商家买过多次商品的用户,对商家的价值认同是完全不同的。北京华秉科技有限公司提供的用户数字化运营软件在用户自动化运营时以用户的生命周期标签为主,以用户属性标签为辅,能够对用户进行更加高频且无打扰的信息送达。精准推送的一些时机和方法可以参考图 15-1。

图 15-1 精准推送的时机和方法

此外,还要发现用户天然的购买周期,用户并不是天天都到数字化平台上来的。比如卖女性服装的企业推出了一个打卡的功能,让用户天天上来打卡赚积分,以此来激活用户,这就不太合适,因为用户一年之内买同一个品牌服装的次数不会太高。但如果一个快餐企业让用户天天打卡赚积分,积分再换优惠券,就有可能是可行的,

15.2 如何不"骚扰"用户而高频送达信息

因为快餐解决的是日常吃饭的问题，用户的使用频率很高。对用户进行高频信息推送的周期要和用户天然的使用周期相匹配，频率太高会对用户造成较大的骚扰，频率太低会浪费激活用户的机会。

理想的状态是在用户需要的时候提供恰到好处的解决方案，对每一个用户都能够很精准地运营。但如果企业的用户没有达到一定的数量（比如只有几千名或几万名），信息送达的覆盖率远比准确率更加重要。也就是说，在企业的用户数量还不够多的时候，尽可能地把信息送达更多的人群会更重要。

企业和用户有价值的互动，比精准营销类的信息送达更容易让用户活跃而且不会让用户反感。比如 IT 东方会的达人圈子中，当用户发布的圈子内容有 10 人点赞、50 人点赞的时候，会把点赞的信息通知用户，让用户觉得很有成就感。

第16章

步骤四：商业转化——来了就买，买了再买

前面讲述了挖掘资源、聚集资源，并且要让用户能够长期和企业保持联系，目的是在做数字化运营的过程中，方便以后进行商业转化以实现企业的盈利。

企业都希望自己的用户来了就能买，买了还能再买。那么，如何提高首单转化率和复购率呢？

16.1 完成首单转化的4个核心环节和相关案例

完成首单转化的4个核心环节如图16-1所示。

图16-1　完成首单转化的4个核心环节

16.1.1 建立信任

建立信任需要什么？需要企业的品牌实力和质量保证。随着信息的广泛传播，用户对企业的信任在和企业正式接触之前就开始建立了。企业以往品牌广告的投放目的是展示企业的实力，搜索广告的投放可以向用户传递更多的企业价值信息。

零关键时刻理论

零关键时刻（Zero Moment Of Truth，ZMOT）就是用户还没有和企业正式接触前建立信任的时刻。ZMOT理论是谷歌在2011年提出来的。谷歌对5000多名用户进行了调研，研究其在购买决策时的场景，并对得到的数据进行了统计分析。最后得出了一个结论：用户在尚未正式接触提供产品或服务的企业之前，就已经开始了对产品和服务的体验——用手机、平板电脑等终端设备搜索信息，并做出判断。由于移动广告非常符合ZMOT的场景，对谷歌的广告销售非常有利，因此谷歌通过出版电子书和拍摄视频短片的方式来宣传ZMOT理论。

现在ZMOT理论已经被营销界普遍认同，虽然它是谷歌为了卖移动广告而大力推广的，但ZMOT确实对用户的购买决策有着非常关键的影响。

如今，人们在寻找想要的东西时，已经习惯于通过搜索来获取信息。对于企业来说，尤其是那些依赖各种线上营销渠道的企业，抓住用户在网上搜索对比商品的关键时刻是非常重要的。这就需要企业了解用户的购买行为和互动行为等，根据用

第16章 步骤四：商业转化——来了就买，买了再买

户画像来制订相应的营销战略，进行更有效和精准的信息推送。

16.1.2 满足需求

在建立信任时，企业产品展现出来的价值主张以及客户见证就很重要了。

1. 价值主张与FMOT

1）价值主张

价值主张就是企业提供给顾客的价值，需要使客户产生共鸣。图16-2所示为"一点点"奶茶的菜单。其菜单上面体现了很好的价值主张。菜单上的"找好茶""找口感""找新鲜"里面包含的好茶、口感、新鲜这些词汇很清晰地表明了"一点点"奶茶的价值主张，很容易引起用户的共鸣。

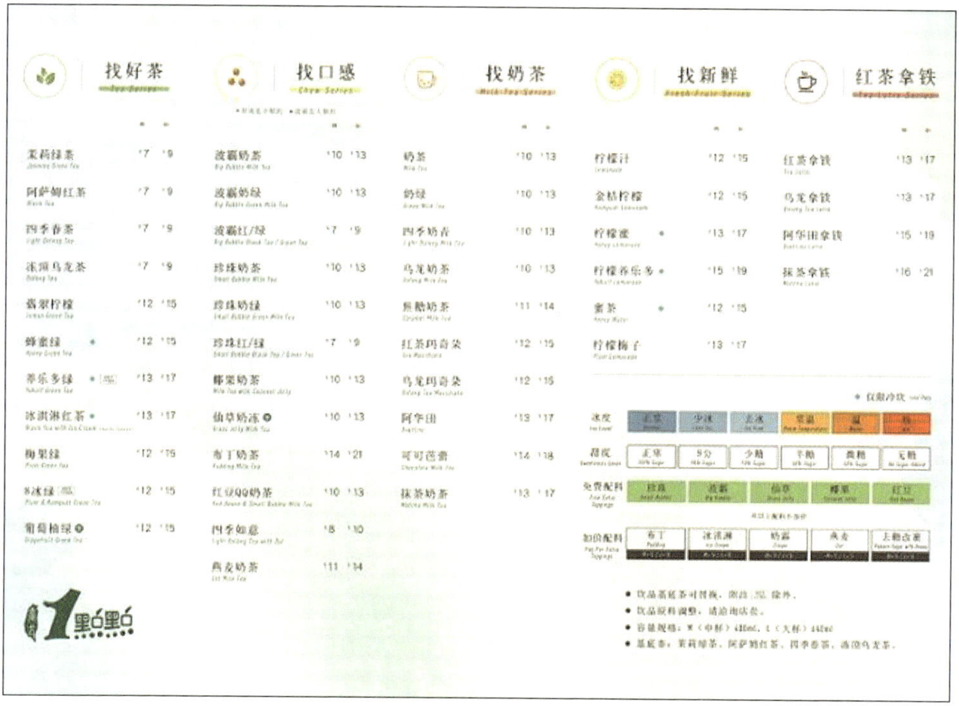

图16-2 "一点点"奶茶的菜单

2）第一关键时刻理论

第一关键时刻（First Moment Of Truth，FMOT）理论是由生产快速消费品的宝洁提出的。第一关键时刻是指客户看见产品并形成第一印象的时刻。

宝洁认为，当客户站在货架前面对一大堆的洗发水并决定买哪个的时候，最初

的 3～7 秒是最关键的,因此宝洁把它定义为"第一关键时刻"。

FMOT 不仅需要产品外观包装美观,更重要的是该包装要引发客户心中的"观感"(sense)、"价值观"(value)和"情感"(emotion)。要想办法在铺天盖地的各式各样的广告上面培养客户的这 3 种感觉,让用户觉得,企业的产品满足了他的需求,该产品就是他想要的。

能够满足用户的需求是基本条件,但满足用户需求的产品还是很多的。除了要给用户一个良好的印象,其他用户的评价、朋友的推荐等也很重要。

2. 客户见证:口碑驱动成交的 POM 理论

京东是一家以 3C 起家的电商平台。在消费者挑选手机的时候,京东发现从看一款手机到最后下单,平均周期是两周。后来京东通过用户数据分析,进行了一些销售策略上的调整。京东发现某个用户在网上查看一款手机的时候,若他的好友里恰好也有人买了这款手机,京东就会给出相应的提示,告诉这个顾客他的某某好友也在用这款手机。这时,用户的决策周期会大幅度地缩短到 4.2 小时。

为什么决策周期会从 2 周缩短到 4.2 小时呢?这里面客户见证发挥了非常大的作用。比如甲需要购买一部手机,询问同样购买了此款手机的朋友乙,乙认为此款手机还不错,那么甲很容易就下单购买了。这就是客户见证,是一种信任背书。

POM(Prior Others Marketers)理论是伊塔马尔·西蒙森和艾曼纽·罗森在《绝对价值》一书中提到的理论(见图 16-3)。

P(Prior)是个人感知。个人感知取决于产品的质量、功能、性能、价格、场景以及消费者当时的心情等。影响个人感知的最大因素是产品(Product),所以有的人把这个 P 当作 Product 来理解,也不算错。伊塔马尔·西蒙森把这些能够决定消费者感知的因素统称为绝对价值。

O(Others)是其他人的评价。在互联网时代,O 变得非常重要。

图 16-3　POM 理论

M(Marketers)是市场营销。市场营销在产品销售中一直都占据非常重要的地位,也有很多经典的理论模型。

以前产品销售都从市场开始,也就是"MPO"的顺序——市场驱动产品,产品驱动口碑。但随着"O"的崛起,它已经极大地削弱了"M"。现在很多产品由"P"驱动"O",再由"O"驱动"M",这就是《绝对价值》一书里面提到的 POM 理论,感兴趣的读者可以看一下这本书。POM 理论讲的是,首先要产品好,好的产品可以塑造好的口碑,好的口碑再驱动好的市场销售。在数字化时代,用户获取信息越来

第16章 步骤四：商业转化——来了就买，买了再买

越方便，口碑的影响会越来越重要，也就是POM中的"O"会越来越重要。而"P"是驱动"O"的核心，就是产品的绝对价值是未来最重要的核心影响因素。

数字化时代的产品越来越注重产品自身的绝对价值，那么产品价值如何衡量呢？按照百度贴吧创始人俞军的说法，有

$$产品价值 = （新体验 - 旧体验） - 替换成本$$

企业的产品在用户心中的新体验价值不但要超过用户之前用过的"旧体验"的产品的价值，这个差值还要大于用户的"替换成本"。否则的话，即便企业的新产品比"旧体验"的产品好，其产品价值在用户心中也可能是负值。

数字化时代的产品会越来越依赖产品的绝对价值来驱动用户的口碑营销。高性价比是产品价值的最直接体现，最开始大规模采用高性价比来突出"绝对价值"并以此来驱动口碑营销的是小米公司的雷军。图16-4和图16-5是笔者从某商城上看到的某款小米手机的商品详情里面截的图。从图16-4上可以看到，图中有大量的数据参数和对原材料、配件的描述，通常对CPU进行描述是很多手机商品详情页上的"标配"。但图16-4上面还有"6.39"AMOLED极界全面屏"，图16-5中有"8层石墨立体散热"，这都是很专业的描述。随着信息技术的发展，以及整体教育水平的提高，用户的信息获取能力、对专业知识的学习能力都得到了极大的提高。以往的营销号称"世界没有真相，只有认知"，但这句话已经越来越不准确了，现在用户的认知已经越来越接近产品的"绝对价值"了。

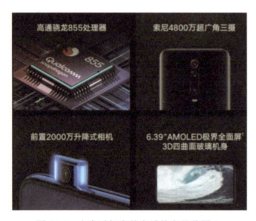

图16-4 小米手机在某商城的商品截图1

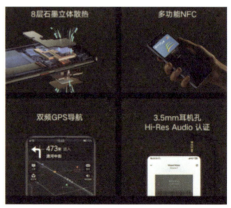

图16-5 小米手机在某商城的商品截图2

华秉盈销熵学院曾经做过一个关于床上用品的用户调查，目的是摸清楚用户在购买床上用品时关心哪些因素，以及对应的权重。调查数据让笔者感到很意外的是，相当一部分用户关心的是多少"支数"。笔者印象中专门做面料生意的人，以及设计师才会关心这个。而现在的消费者选购床上的四件套时，都开始关心多少"支数"

了。而且通过进一步了解发现，这些用户还会告诉你，冬天适合用多少"支数"的床上用品，夏天适合用多少"支数"的床上用品——已经形成完整的方法论了。面对越来越专业的消费者，以往占领心智的营销型定位方法效果会越来越差。要越来越基于用户人群属性来定位，真正地为用户提供价值。

3. 喜茶的 POM 方法

很多人对喜茶的印象是用户"排队"，觉得这种"排队"是雇人炒作的行为。但喜茶开了 150 多家店，如果都雇人排队，雇人的成本也很高。根据华秉盈销熵学院收集的资料，喜茶的物料成本高达售价的"40%"。高物料成本也就意味着为消费者提供了更高的价值，这也是喜茶能够通过口碑来驱动营销的核心。

喜茶用高性价比的方式驱动了口碑营销的方法。这种方法的好处是比较柔和与隐性。

4. 产品创新与提高用户体验

无论是 FMOT 还是 POM，其核心都是让用户感受到绝对价值。而提高"绝对价值"的根本是进行产品创新和提高用户体验。

提起速溶咖啡，大家首先可能会想到雀巢咖啡。但是有一个国产品牌在天猫上的销量也很高，这个品牌就是三顿半咖啡。它通过改变咖啡制造工艺，极大地提高了咖啡的速溶性。冷水、热水、牛奶都能迅速冲调出一杯美味的咖啡。这属于通过产品创新来提高用户体验的例子。

比如蔚来汽车，通过数字化系统来连接用户，使得用户的售前和售后体验得到很大提高。

16.1.3　提供福利

前面提到的《绝对价值》一书的作者伊塔马尔·西蒙森是消费行为学和营销学领域最具影响力和标杆性的研究人员之一。影响消费者选择的另外一个重要因素——妥协效应也是他发现的。这一发现为"价格福利""产品升级"等 20 世纪非常重要的营销手段奠定了理论基础。

那么，提供福利的时候，企业给用户的福利的价值是如何体现出来的呢？

福利的价值体现不仅要包括有价格低的诱惑力，还要包括时间期限（deadline）的紧迫感等。实际上就是在满足用户需求、让用户认同价值的基础上，再提供一个促进用户买单的动力。

16.1.4　便捷行动

用户对企业的信任有了，需求也满足了，价值也认同了，优惠政策也给了，最后买单的时候却买不了，或者转化过程中还需要经过几个步骤才能下单，这就会导致转化率很低。所以最后还需要"便捷行动"，转化的时候一定要非常简单。

1. 福格模型

在如何为用户提供便捷行动、促成购买方面，可以参考福格行为模型（见图16-6）。福格模型是斯坦福大学的教授B.J.福格提出来的行为设计模型。福格教授认为行动＝动机＋能力＋触发物。用户动机越强，越能接受难度高的操作，但是动机越弱，操作就越需要轻松才行。福格模型曲线上方表示可以促成用户购买，而下方表示不太能够促成用户购买。

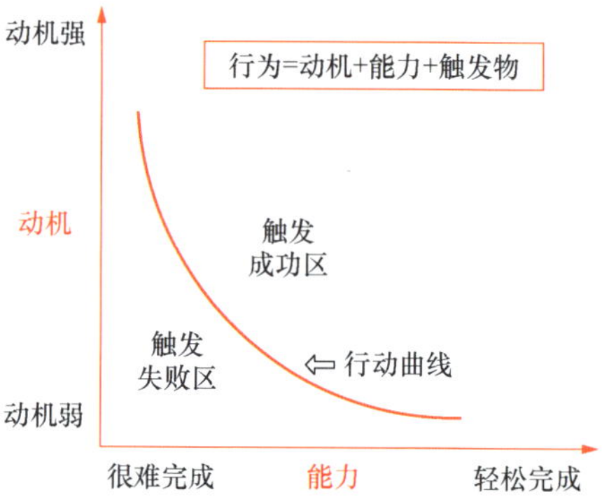

想要用户采取购买行动，我们需要围绕以下3个要素进行设计。

（1）动机。产品的价值点、对用户需求的满足、使用的场景化设计，这些都会增强用户的购买动机。

图16-6 福格行为模型

（2）能力。能力包括用户的购买能力、使用能力、携带能力等。例如，用户在逛商场时看到一件很喜欢的商品，但是价格很贵，超出了购买能力；某个商品价格很便宜，但操作很复杂，超出了用户的使用能力；某个商品很便宜，操作也很简单，但是体积特别大，而且商家还不送货，用户很难拿回家，这就超出了用户的携带能力。这些超出用户能力范围的情况都会阻碍用户采取购买行动。

（3）触发。触发是以具体的形式触动用户的行动欲望。例如，饭店飘散出来的饭菜香味会触发用户进去吃饭的欲望；商铺门店的促销海报会触发用户进去看一看的欲望。下一节要讲的召回设计可以触发用户回店[①]。

2. 行动成本影响大于动机影响

我们先看一个著名的心理学实验"恐惧实验"。20世纪60年代，人类的健康情况比现在差很多。心理学家霍华德·莱文瑟决定做试验来劝说文化素质高的耶鲁大学的学生们去医院注射破伤风疫苗。

他在试验中准备了两个版本的破伤风手册，分给参与试验的不同组。一组拿到的是高恐惧版手册，里面使用了夸张的语言，还配有刺激的图片，列举了破伤风重症患者的状况；另一组拿到的是低恐惧版手册，里面描述破伤风患者的语言相对平实。一个月后试验结果出乎意料，这两组中真正去注射疫苗的学生比例居然一样，

[①] 参考尼尔·埃亚尔和瑞安·胡佛著的《上瘾：让用户养成使用习惯的四大产品逻辑》。

都只有 3%。也就是说，恐惧并没有有效地促成行动。

之后试验继续，这次试验中准备的两个版本中，只在手册上增加了两点内容（别的内容没有变）：一是校医院的地理位置；二是疫苗接种的具体时间。然而，就是这两点看上去不太重要的内容，使最终参于注射疫苗的学生大幅增加，增至 28%，提高了 9 倍多。这个试验结果实际上与产品（破伤风手册）本身无关，更多的是这个地图以及具体时间让"去校医院注射疫苗"这个行为看起来更加容易达成，降低了行动成本。

在生活中，行动成本的影响大于动机的影响的非常鲜明的例子就是"减肥"。"减肥"几乎是全民话题，人人都想更健康。减肥的动机都很强，但真正把减肥行动坚持下去的人很少。原因是什么呢？行动成本过高，无论是"管住嘴"还是"迈开腿"都是一件不容易的事。大多数成功减肥且不反弹的人是通过养成良好的生活习惯来实现的。养成习惯的过程会难一些，但良好的生活习惯一旦养成就意味着行动成本大幅度降低了。

3. 选择过多会降低购买率

在一个果酱试验中，向消费者提供试吃机会。实验分为两组，第一组有 6 款果酱可以试吃，第二组有 24 款果酱可以试吃，且都低于市场价格。结果，第一组中有 30% 的试吃者选择了购买，而第二组中只有 3% 的人最终选择了购买。

原因很简单，低决策成本造就了高的行动数量。24 款果酱看似更加诱人，但其实无形之中给消费者增加了决策成本。这使消费者选择起来很难，不容易实现，最后干脆放弃了购买。

也就是说，如果你给用户的选择过多，同样会让他们觉得"不容易"，从而停止可能的行为。过多的选择会提高用户的决策成本，从而降低购买的转化率[①]。

有一句话是，"给用户的选择越多，说明对产品越不自信"。推荐给用户的，就应是用户最好的选择。

16.1.5　飞美地板的首单转化案例

在第 15 章提到过飞美地板的案例。下面完整地讲述一下，飞美地板是如何通过为用户提供价值和为用户提供服务而提高首单转化率的。

前文提到飞美地板通过"一物一码""3D 户型图"等吸引用户到数字化平台（App）上来。之后数字化平台会为用户绑定一个专属导购，实现一对一的 VIP 服务。用户在数字化平台上产生的行为数据能够实时地发送给导购，导购能够根据用户

---

① 参考马尔科姆·格拉德威尔著的《引爆点》。

的情况对销售过程进行跟踪。其间用户所有的购买流程和由此产生的问题都能够由专属导购及时跟进，从而提高用户的尊贵感和满意度。在数字化平台上，导购通过帮助用户解答产品问题、展示其他客户的案例等可以满足用户的服务需求，并获得用户的信任。最后导购再送给用户一张优惠券作为小惊喜来促成买单。图16-7展示了飞美地板的首单转化流程。

图16-7　飞美地板的首单转化流程

16.1.6　教育培训行业的销售数字化

教育培训机构最重要活动之一的就是招生，但传统运营方式通常会存在宣传和招生脱节、客户跟进不及时、用户看过课程信息后记不住等问题。这些可以通过数字化运营方式来有针对性地解决，具体方式为机构开始招生的时候，培训顾问可以一键生成有小程序码或二维码的宣传海报。凡是通过这个培训顾问散发出去的海报进入小程序的用户，都会自动和这个培训顾问进行绑定，以便于后续的一对一跟进。用户在浏览课程信息的时候，程序后台会自动记录用户的行为数据。同时，用户遇到感兴趣的课程后可以一键收藏，记录到意向课程中。图16-8展示了教育培训机构的数字化运营流程1。

用户进入数字化平台后，在培训顾问手机端可以实时掌握用户的情况，并进行及时的跟进。例如，在一对一互动环节，培训顾问可以向意向客户推送通知和优惠券，还可以根据用户的兴趣点、购买倾向为意向客户提供专业的解决方案。

图 16-9 展示了教育培训机构的数字化运营流程 2。

图 16-8　教育培训机构的数字化运营流程 1

图 16-9　教育培训机构的数字化运营流程 2

16.2　如何让用户买了再买

除了产品的质量本身,当企业发展到一定阶段时,用户复购可能就成为企业发展的重中之重了。那到底什么时候该关注复购率呢?

来自咨询公司 Mine That Data 的凯文·希尔斯特罗姆曾按照电商产品的年度复购率给电商产品做了一个模式划分。

第16章 步骤四：商业转化——来了就买，买了再买

- 用户获取模式。若年重复购买率低于40%，则说明企业正处于用户获取模式，应该把更多的精力和资源用于新用户的获取与首单转化上。
- 混合模式。若年重复购买率达到40%～60%，则说明企业正处于混合模式，在拉新（获取新客户）和老客户复购上可以均衡投入资源。
- 忠诚度模式。若年重复购买率达到60%以上，则说明企业正处于忠诚度模式，应该把更多的精力和资源用于提高复购上。

如果企业经营时间不满一年，怎么计算呢？可以以90天为周期进行计算。

- 获取模式：90天内重复购买率低于15%。
- 混合模式：90天内重复购买率达到15%～30%。
- 忠诚度模式：90天内重复购买率达到30%以上[①]。

这些是以电商为例的模型，对于不同的行业和不同的企业，阈值会有所不同。而用户的忠诚度在很大程度上取决于用户的满意度及用户的召回设计。

16.2.1 MOT理论

关键时刻（Moments Of Truth，MOT）理论是由北欧航空公司前总裁詹·卡尔森提出的。他认为，狭义上，关键时刻就是顾客与北欧航空公司的职员面对面相互交流的时刻，广义上，就是指客户与企业的各种资源发生接触的那一刻，这个时刻决定了企业未来的成败。

下面是从《关键时刻MOT》一书中摘录的一部分：

"去年一年中，北欧航空公司总共运载了1000万名乘客，平均每位乘客接触5名员工，每次15秒。也就是说，这1000万名乘客每人每年都对北欧航空公司'产生'5次印象，每次15秒，全年总计5000万次'关键时刻'。这5000万次'关键时刻'决定了公司未来的成败。因此，我们必须利用这5000万次的'关键时刻'来向乘客证明，搭乘我们的班机是最明智的选择。

如果我们真心实意地针对每一位乘客的需要来提供服务，那就不能完全依赖上级的指示或者呆板的办事规定。在与顾客交往的15秒内，所有人（票务人员、空服人员、行李搬运人员等一线员工）都应该有权利做出自己的决定并采取行动。如果他们只有通过传统的指挥链向上级请示才能处理个别乘客的疑难杂症，那么宝贵的15秒便会匆匆溜走，我们也将因此失去一名忠诚的乘客。"

MOT同样在首单转化和忠诚度运营中起着关键作用。我们在首单转化中提的ZMOT和FMOT都是基于MOT理论的延伸。

---

① 参考阿利斯泰尔·克罗尔和本杰明·尤科维奇著的《精益数据分析》。

16.2.2 峰终定律

峰终定律（Peak End Rule）是 2002 年诺贝尔经济学奖获得者、心理学家丹尼尔·卡尼曼提出来的。丹尼尔·卡尼曼认为，人的幸福感、满意度等与过程无关，而是由峰值和终值决定的。根据峰终定律，在产品设计或服务设计方面，用户对服务、对产品的满意度是由终值和峰值来决定的[①]。

峰终定律说的是用户对服务体验好坏印象的两个关键环节。实际上，这两个环节可以拆分成两个定律来说明。其中，一个是峰值定律，另一个是最终体验定律。

峰值定律说的是人们通常对服务体验满意度的最高值的印象是最深的，而其他部分的体验通常会较快遗忘掉。从每一个环节的体验满意度数值来说，满意度峰值越高，用户的整体体验感会越高。

从时间的维度来看，最终时刻的满意度是对用户整体体验感影响最大的。

先看一下图 16-10 和图 16-11。图 16-10 展示了峰值定理中的平均投入成本。

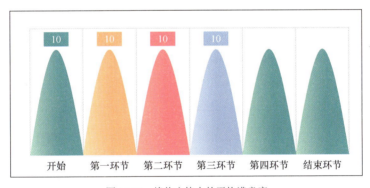

图 16-10　峰终定律中的平均满意度

假设用户满意度和企业付出的资源呈线性关系。例如，满意度 = $N\times$ 资源付出，则 10 的满意度意味着 $10N$ 的资源付出；若整体有 6 个环节，每个环节都获得了 10 的满意度，则意味着 $60N$ 的资源付出。

在使用平均资源的情况下，对于每一个环节都达到相对均衡的满意程度，用户能够记录的满意度最高数值和最终数值都是 10。

按照前面的假设，在资源有限的情况下，资源集中在峰值和终值（见图 16-11），多用于提高体验满意度峰值和满意度终值，各个环节付出的资源分别是 $5N$、$5N$、$5N$、$20N$、$5N$、$15N$，整体付出的资源是 $55N$。

---

① 参考丹尼尔·卡尼曼著的《思考，快与慢》。

第16章 步骤四：商业转化——来了就买，买了再买

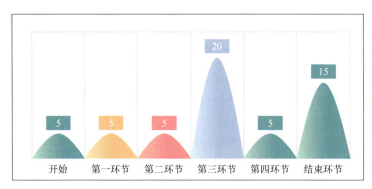

图 16-11　峰终定律中的峰值和终值突出

付出的资源是 55N，少于图 16-10 所示的 60N。但用户能够记录的满意度最高数值是 20，满意度终值是 15。这无疑会比图 16-10 中用户记住的满意度峰值和终值（都是 10）要好。

最常应用峰终定律的地方是旅行社。我们在参加旅行社跟团游的时候，会发现在旅游线路的设计上，通常都是一个大景点带几个小景点，一般不会把几个大景点串起来。另外，旅游团的团餐中通常第一顿还可以，中间都比较差，最后一餐会比较好。有些旅行社节约成本的做法就是把满意度峰值和终值变成一个，即终值也是峰值（见图 16-12）。

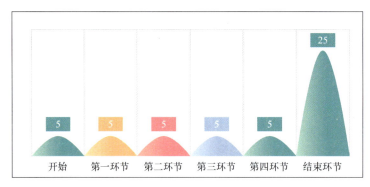

图 16-12　峰终定律中峰值和终值重合

用户比较容易记住结束环节的满意度峰值和终值均是 25。图 16-12 中付出的资源分别是 5N、5N、5N、5N、5N、25N，总资源是 50N，少于图 12-10 中的 60N，也少于图 12-11 中的 55N。但用户记住的满意度峰值和终值都是 25，无疑它会比图 16-10 和图 16-11 的整体体验感更好。

但需要注意的是，5N 的资源投入应让用户达到一定的满意度，而不能不满意。

如果用户非常不满意,虽然最后的峰终定律也能发挥作用,但整体会大打折扣,用户也很难复购产品。现在用户对产品和服务的期望越来越高,有的时候一个关键环节没有做好,用户可能就再也不来购买产品了。

在提高用户复购方面,除了使用 MOT 理论、峰终定律等给用户更好的价值感之外,还要设计一些促进用户复购的机制。

16.2.3 用户召回设计

用户的召回是指,让用户重新想起企业并回到企业线下的门店或者线上店铺。用户召回设计就是为了让用户增强对品牌的印象,进而实现买了再买。召回运营的目的是提高用户的复购率。在用户召回方面,时间节点非常重要。另外,让用户在这里留下一些无法割舍的东西,或者企业能够给用户留点儿记忆深刻的东西。

我们先看两个利用时间节点进行用户召回运营的例子。

1. 朗姿的"3315 跟踪线"

朗姿(Lancy)股份是一家 A 股上市公司,旗下的朗姿(LancyFrom25)品牌在中国 25 岁以上的女性中有较好的知名度。朗姿面向的是中高端消费人群,其会员的人均贡献值很高,对此,他们非常重视用户的复购运营。在用户召回方面,朗姿是国内女装行业最早提出"3315 跟踪线"的企业。"3315"就是 3 小时、3 天、15 天,在这 3 个节点对用户进行"回店运营"。朗姿除了做女装,还用三四年的时间成为中国排名前十的医美连锁企业,并且在医美行业普遍面临困境的情况下运营很好,一个核心的原因就是它通过女装业务积累了庞大的高黏性的用户群。

2. 茜茜公主的"对口图"

茜茜公主是一家生产功能型健康美体文胸用品的企业,是国内首家做功能型文胸的企业。它的母公司茜茜国际旗下除茜茜公主,还有茜茜健康、华资财新、抖视汇、茜茜农业等公司。茜茜公主在用户购买一定数额的内衣后,会赠送客户"精油 SPA"服务。茜茜公主对购买额达到一定数量的用户有一个"对口图"运营。

在用户购买的当天,会对用户进行"感恩运营",感谢用户选择茜茜公主。此时用户刚刚购买完,对品牌的印象还有,并且会存在一定的价值认同。此时的感恩会让用户觉得很温暖。这个时间节点非常重要,如果在用户购买商品两个月之后再进行感恩,只会让用户觉得莫名其妙或有被骚扰的感觉。

在用户购买后 3 天进行"感受运营"。此时,用户应该穿着该内衣了,客服人员会询问用户穿着的感受,用户会觉得这个品牌的企业很注重用户的体验和感受,会觉得被尊重。

第16章 步骤四：商业转化——来了就买，买了再买

茜茜公主非常重视用户穿着之后的反馈，并根据这些反馈不断地对产品进行优化和改进。

在用户购买后 10～15 天，茜茜公主会进行"感召运营"。例如，送用户小礼品、提醒用户做"精油 SPA"等，促成用户回店。用户回店，通常就会带来一些复购。

提高用户的复购率还需要进行用户的价值体系设计和用户忠诚度设计。后面的内容会重点讲解这两方面。

第17章

步骤五：规模与黏性——用户的价值体系与忠诚度设计

第17章 步骤五：规模与黏性——用户的价值体系与忠诚度设计

在构建数字化运营体系、实现用户价值增长运营方面，我们要追求用户规模和黏性——追求几十万、几百万、几千万，甚至几亿的规模，同时让用户对企业建立很好的忠诚度并产生很高的黏性。

在规模和黏性方面，数字化运营体系通常分成两部分。

第一部分是用户的价值运营，让用户充分了解并认同企业的价值，包括直播运营体系、内容运营体系、活动运营体系、连环运营体系……

第二部分是用户忠诚度运营，让用户成为企业的忠实用户、"铁杆粉丝"。

要想做好以上两部分，必要条件是企业要有一个数字化平台，用于实现承载和连接功能，能够将用户连接起来，把用户、数据和运营体系承载起来。

做价值运营和用户忠诚度运营，就是为了扩大用户规模和提高用户黏性。

17.1 数字化的承载和连接

在前面章节中所列举的某化妆品企业的例子，在运营中就缺少了"承载和连接"用户的数字化平台，所以转化率和后续的连环运营很难做好。

企业数字化转型的基本任务就是以用户为核心、以数据为驱动，连接企业内外部资源，所以承载和连接是非常核心的功能。在数字化时代，企业若不积累用户，竞争对手就会积累用户，这样就无法和对手竞争。

17.1.1 积累用户和没有积累用户的区别

美团外卖是一家做外卖服务的互联网企业，携程是一个提供订酒店、订机票服务的互联网企业，这两家业务看起来毫不相关，但这两年二者产生了竞争关系。

究其原因，很多用户只在订酒店、订机票的时候才使用携程，用户使用频率低、黏性低。而美团外卖是大的O2O平台，用户去餐厅、叫外卖等都使用美团外卖，使用的频率很高。因此，美团拥有了庞大的、高频的O2O用户群。当美团进入酒店预订领域的时候，凭借上亿高频率、高黏性的用户优势，很快从竞争对手那里"攻城略地"。所以，现在普遍认为私域流量非常重要，企业有用户就有竞争优势，企业没有用户就处在劣势。

17.1.2 数字化时代不是弯道超车，而是借道超车

弯道超车是与同行竞争，在同行降速的时候超过去。数字化时代不是弯道超车，

而是借道超车。互联网行业有一句很著名的话,"我消灭你,与你无关"。有一些企业老板觉得有没有私域流量无所谓,做不做数字化也不重要,因为整个行业都没有干。但很可能当出现某个拥有私域流量、做了数字化的企业跨界而来的时候,把整个行业都给占领了。

下面给出一个很有意思的例子,随着移动支付的普及,世界上最大的印钞厂——德拉鲁公司都要破产了。微信是一个聊天软件,淘宝天猫是电商平台,在早年,它们和印钞厂之间没有任何竞争与合作的关系,即便是现在,移动支付快让印钞厂破产了,腾讯、阿里巴巴也不会把印钞厂当作自己的竞争对手,甚至无暇关注它——"我消灭你,与你无关"。我国的维珍创意是一家给 AMT 生产外壳等设备的公司,曾经被评为最具投资价值的企业之一,投资人包括柳传志、俞敏洪这些商业人士。但随着移动支付的普及,维珍创意仅仅两年时间就从风光无限走向销声匿迹。这些印钞厂家、ATM 厂家、ATM 的外设厂家即便击败了所有的竞争对手,也毫无用处。面临降维打击的时候,这些厂家毫无还手之力。

企业要"升维思考,降维打击"。企业在做数字化战略规划时,要从生态平台的角度进行规划,从更高的维度进行规划,在同一个平面思考问题的时候,往往处处都是竞争对手,举步维艰,但跳出这个平面,从更高的维度来思考的时候,可能处处都是机会。同时要在更高的维度去建立战略优势,军事上讲"居高临下"会更有优势,在数字化时代"居高维"去"打低维",已经不仅仅是优势了,往往是瞬杀。

17.2 价值运营中的直播运营体系

价值运营是为了让用户了解企业的价值,并对企业的价值产生认同,这样用户才能长期留下来。而价值往往是需要通过与用户的接触进行传递的。直播这种用户更喜欢、更有效的连接方式,在让用户了解并认同企业的价值方面发挥着重要的作用。本节重点讲直播运营。

17.2.1 直播运营体系

直播是一种非常好的企业和用户连接方式,未来通过直播卖货将会成为卖货的主流模式。

在《数字化大咖说》进行直播的时候,读者会觉得《数字化大咖说》有知识、有内容,而且大咖们都是非常好的 IP,可能感觉建立直播运营体系的门槛很高。实际上,门槛并不高,例如,企业开了一个熟食店之后应该怎么样直播?其知识性和内容性都很难做，熟食店无非就是卖鸡肉、牛肉等一些熟食品，这些东西有什么好直播的呢？笔者一开始也有这样的想法，但是德州倚品扒鸡的董事长思维很敏捷，他做出了尝试，安排员工进行直播，发现效果出乎意料地好。这个店第一次直播就新增了 400 多个关注的用户，成交了 103 单。直播的整个过程都很欢乐，非常有趣味性，甚至员工讲的时候都自我陶醉了，所以该企业获得了很好的直播效果。既然熟食店都可以直播，相信其他企业也有可讲的东西，也可以做直播。

那么，直播运营体系是什么呢？如果我们到淘宝上进行直播，到花椒上进行直播，这不能称为直播运营体系，只能说进行了很小规模的直播活动和直播推广。

有些企业做"满 50 减 15"的促销活动，用户参与度低，且参与活动的用户也仅限于自己享用优惠券，不愿意分享传播，这样企业很难把用户和数据资源聚集到数字化平台上。但通过直播做营销活动，因为趣味性高、形式很新颖，所以用户觉得很有意思，会自愿地传播这类活动。有些企业做线下的活动运营，往往是有效果没收益，甚至既没效果也没收益。而直播是一种参与感和趣味性都比较强的连接方式，做活动运营的同时，还能把用户转化为企业的私域流量。

17.2.2 企业直播的优势

企业直播的优势如下。

（1）直播能把用户聚集起来，形成一个社群并进行运营，即建立自己企业的私域流量，然后可以对私域流量中的用户做一个统一的企业价值认知传播。

（2）用户看直播就要关注平台或在平台上注册，这样用户信息就留到了企业的平台上。

（3）如果直播的内容很好，或者设有一些互动环节，那么用户就会自动分享此次直播的内容，自发地进行传播。

（4）直播还可以促进商品购买。例如，德州倚品扒鸡做直播时，用户看到主播吃得很香，也就产生了食欲，于是就进行了购买。"双十一"时，薇娅和李佳琦通过直播一天卖好几亿元。直播把人和商品的连接变成了人和人的连接，把卖货的行为变得更加生动有趣。

直播平台与企业自有直播体系有很大的区别，我们做私域流量数字化运营的时候，一定要有自己的平台。如果使用别人的平台，虽然该平台自身有流量，但是我们也需要进行宣传。如果不进行宣传，往往没什么人看。对于在大的直播平台上有好几十万的主播，为了让用户来观看，就需要用买流量的方式进行宣传。但这些来看直播的用户是属于平台的，并非是企业自己的。直播完之后，并没有为企业留下多少有价值的东西，虽然有时有一些购买量，但对于未转化购买的用户并没有采取留住用户的措施，后续很难跟进。

假如使用企业自己的平台，虽然也需要一定的宣传，但来的用户都是属于企业自己的。即使只来 100 个或者 1000 个，也全部是企业的私域流量。我们逐渐将用户池积累起来，一点点建立自己的私域流量，随时可以跟进我们的用户。所以私域流量的运营，特别重要的就是数字化，缺少数字化便无法达到良好的运营效果。

当然，笔者强调企业做自己的直播，并不是说不让大家在平台上做直播，也要在一些平台上引流。平台是公域流量，就像一条河，而私域流量就像企业自己的池塘、蓄水池。我们花钱从平台上买流量使其成为自己池塘里的水，变成自己的流量，这一点也非常重要。

17.2.3 企业直播落地

企业要做好直播，需要解决一系列的问题。例如，如何做准备工作、宣传推广、积累粉丝、直播通知等。

怎样设计直播互动环节，怎样做后续运营也是我们需要考虑的问题。因为后续企业要做商业转化和挣钱，所以需要做价值提升、数据沉淀、会员转化，而不能做完直播就结束了。

直播活动也是活动运营的一种，第二篇讲的活动运营的步骤和需要考虑的因素同样适用于直播活动。例如，我们要确定目标人群、直播活动的主题，根据人群的喜好来生产和优化直播的内容，并进行直播活动的分发等。直播也有自己相对独特的一些特点，下面描述一下如何使一场完美的直播活动落地。

17.2.4 通过5步执行一场完美的直播活动

1. 策划阶段

策划阶段是最重要的阶段。前面讲过在策划活动之前先要确定目的和人群，做直播活动的策划也同样如此。直播的策划阶段需要考虑以下几个方面。

- **主题、内容**：需要根据直播活动的目的来策划对应的主题，同时根据目标人群的喜好来生产和优化直播的内容与话术。直播活动类似于一场演讲 + 现场活动。直播内容包括主播的内容、与嘉宾互动的内容、展示的内容（产品和环境等），甚至直播过程中可以放一小段宣传视频等。围绕着活动目的、人群喜好、活动主题 3 个维度进行直播内容的策划。比如，德州倚品扒鸡第一次做直播活动的时候，针对的是以往有购买记录的用户（老用户），目的就是让人了解美味扒鸡背后的品牌故事，以增强这些用户的价值认同和黏性。德州倚品扒鸡的这些用户对美味、健康有所偏好。同时，这次直播活动以周边社区的居民为主。当时临近端午节，主题就是"端午节欢乐吃扒鸡"，因此直播内容就围绕着幽默、亲切、美味等进行设计。首次直播效果就很好。

- **主播人选**：需要从两个方面考虑主播的人选。如果同时在第三方直播平台上进行直播，想借助第三方直播平台上网红的粉丝流量，则可以考虑请网红作为主播。如果只做企业直播，建议由企业自己的人来做。企业老板、企业管理层、企业员工都是很好的主播人员。在比格比萨老板赵志强先生进行的一场直播中，他讲述了比格比萨的服务理念、文化等，增强了消费者对该品牌的亲切感，效果远远超过预期。
- **奖励机制**：针对企业人员的奖励机制。一场好的活动需要好的执行力，而好的执行力和奖励机制往往相关。同时，需要在直播活动中记录每个参与者的业绩，以便对其进行奖励。
- **直播福利**：面向用户的直播福利，包括用户看直播的福利、用户分享直播的福利以及在直播中如何激励用户积极互动等。
- **免费类**：对新用户吸引力最高的一种方式。例如，易奢会用 0 元抢欧洲的手工艺品来引导用户进行直播分享，比格比萨用免费自助餐券来引导用户进行直播分享，茜茜国际用免费的猕猴桃来吸引用户进行分享。
- **优惠福利类**：通常适用于已经有了初步认知的用户，或者其产品价格非常容易衡量。这时候也可以用一些优惠福利来吸引观众，比如 99 元抵 100 元等、100 元无门槛代金券等。
- **特价产品类**：通常适用于对品牌或产品有了一定认知的用户。例如，比格比萨原价 69 元的自助餐券特价 30 元，原价 136 元的德州倚品扒鸡两只装特价 79 元等。

2. 准备阶段

在准备阶段，我们需要准备好直播物料清单、直播流程脚本并设置好直播软件等。

- **直播物料清单**。直播过程中需要用到的物料不仅包括实体的物料（例如，印刷的宣传单、互动用的礼品、麦克风、直播手机或摄像头、主持人用的笔记本电脑、补光灯、背景板等），还包括宣传用的电子海报图、互动发放的电子优惠券（如果有）、直播宣传用的推文等。
- **直播流程脚本**。企业员工在第一次进行直播的时候，往往是比较紧张的，不知道该说什么，这样就很难进行一次效果良好的直播。所以这个时候就

17.2 价值运营中的直播运营体系

需要有直播流程，告诉直播人员每一步应该干什么——什么时候跟用户互动，什么时候推商品，什么时候解答用户的疑问等。
- 设置直播软件。使用的直播软件需要提前进行设置，例如，对直播主题、文案、上架需要推的商品、需要互动的活动进行设置等。在直播前进行测试，把直播流程走一遍，确保没有问题。

下面给出一个参考案例。

著名的盲人按摩连锁企业——健合推拿做直播活动时，制作的《直播活动准备清单》见图17-1。

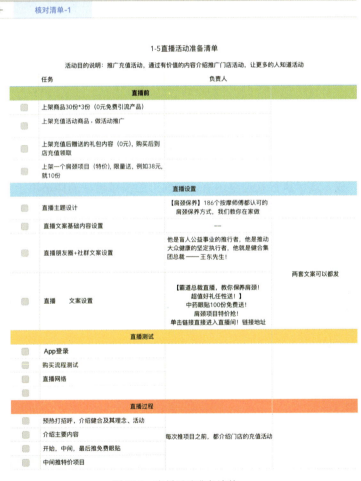

图17-1 直播活动准备清单

3. 推广阶段

（1）渠道。需要确定推广渠道，推广渠道包括外部的引流渠道和企业自己的渠道。外部渠道包括百度、今日头条、小红书、抖音、快手、微博、自媒体"大号"和其他组织的微信群等。

外部的推广资源不一定都需要花钱，可以用企业自己的资源进行互换推广。

内部渠道包括公众号、微信群、微信小号、产品、门店等。很多企业会忽略产品和门店这两个内部的推广资源，其实产品和门店能够带来的聚集效应还是不错的。

（2）文案、海报。推广阶段的文案和海报等一般应在准备阶段做好，然后根据不同渠道的要求进行调整。有些渠道会有分润要求，或者企业需要分析渠道的推广效果等，因此就需要单独分配一些渠道号之类的标识，以便统计各个渠道的用户数量和用户质量（活跃度、商业转化等）。

（3）执行 SOP，即针对内部工作人员的各个岗位需要执行的步骤。在制作 SOP 时，一个最重要的原则就是人数越多的岗位，需要做的事情越简单。原因是在做同样一件事情时，人越多，组织成本就越高。比如，一个人做复杂度为 100 的事情，成本是 100，而 100 个人做复杂度为 2 的事情，成本就是 200 了。一个中型企业通常都有几千名的一线员工，所以尽量让一线导购做复杂度为 1 的事情，因为只要复杂度变为 2，就要增加数千元的组织成本。

另外，成本高了执行就会很困难。前面讲的福格模型同样适用于企业内部的员工。即便企业给出的奖励很高，但是如果执行难度高，仍然会让绝大多数人不去执行。执行难度越低，员工的执行率就会越高。

具体可以参考第二篇中提供的 SOP 模板。

4. 直播执行

在直播的执行阶段，使用准备好的直播活动流程脚本。

图 17-2 是"盈利增长训练营"培训课程的边亚南老师为某企业写的直播流程模板的开头部分，仅供大家参考。

5. 总结提升

直播结束后，要根据平台获取的数据对本次活动进行复盘。例如，确定新增了多少用户，有多少用户参与了互动，产生了多少订单，用户观看的平均时长，用户在哪些环节进来的较多，用户分享活动产生的效果等，以及哪些环节做得不够好，后续需要如何优化等。

规划后续活动，对于参加直播的人群进行分层运营，例如，对有购买记录用户的升单运营，对无购买记录用户的首单转化运营等。

17.2 价值运营中的直播运营体系 | 149

链客直播-直播流程

以下内容是针对此次的直播流程提供的一些准备要点，可以帮助您更好地完成此次直播。若有不清楚，请随时微信或电话联系我们。

Yina：1891****0　Amy：152****3

一、直播准备

1. 安卓手机：安装"真诚麦"App，并使用链客账户登录。
2. 支架：用于固定手机，直播过程中保证画面清楚。
3. 开播前，请单击主页面下角的"设置"图标，设置开播分辨率为"720×1024像素"。
4. 提前检查您的网络环境，如果有条件可以使用4G网络，或保证Wi-Fi信号稳定。

二、开播后注意事项

1. 测试网络：提前20分钟。
查看用户端画面流畅程度；预热和大家打招呼，邀请大家注册。
2. 正式开播后提示话术关键点。
 （1）若网络卡顿可以刷新页面。
 （2）引导大家分享福利至朋友圈。

3. 活动内容：（待确认）
链客直播支持推送商品，所有的福利以商品为承载推送给客户。
 （1）地垫。
 （2）优惠券内容（请补充后确认）。
 （3）推荐产品。
 （4）定金：到店可抵扣×××元（待确认）。
 （5）公众号上的活动（引导大家去公众号上参加）。

4. 直播主题：（请补充后确认）
品牌介绍：

图 17-2 "盈利增长训练营"培训课程中的某企业直播流程模板

图 17-3 是华秉盈销熵学院"盈利增长训练营"培训课程用的直播流程模板，它可以让企业在直播之前做好充分的准备，并顺利地做好企业直播。

第17章　步骤五：规模与黏性——用户的价值体系与忠诚度设计

1	主题				
2	内容	探店体验	逛万达、吃新辣道	gucchi新品直播买	逛秀水街
		产品体验	医美除皱针体验	飞美地板产品介绍	倦鸡扒鸡试吃体验	问诊流程体验
		活动事件	小小牙医幼儿园行		健合：歌唱比赛	
		品牌动态	电影院开业直播		可丽可心24年庆典	
		课程	数字化升级课程		小儿推拿培训课程	
3	人员	主播（主讲）	设备支持	系统支持	
4	方案设计	0元福利	优惠福利	促销商品	其他
5	推广	分享链接和推送		微信群、朋友圈	
		主文案	副文案	文案	
6	流程脚本	(1) 开播暖场（提前10~15分钟）			
		(2) 正式打招呼和自我介绍			
		(3) 直播内容和直播福利介绍			
		(4) 进入直播内容			
		(5) 定期推送产品：每15分钟推送一轮			
7	总结	新增关注	新增注册	观看总数	订单总数

图17-3　直播流程画布

17.3　价值运营中的内容运营体系

随着消费者的认知提升，现在卖东西这件事越来越复杂了。早年差不多产品只要生产出来就能卖掉，之后是产品广告做得好就能卖掉，而现在则发生了很大的变化。这几年发展起来的社交电商、网红电商、内容电商、直播电商等都在使用比传统形式更加复杂，同时让消费者感觉更简单、更直接的方式卖货。这都是因为消费者发生了变化。天猫青年实验室的报告曾这样描述95后群体：以兴趣会友，挚爱在线社交；消费力强，愿意为兴趣买单。

以前消费者买东西是我需要什么，我去买什么。而现在是消费者需要什么，企业就把产品推送到消费者面前。第 17 章讲的零关键时刻就是俗称的"种草",就是告诉消费者应该买什么。这些都是通过内容运营做到的。

那么,什么是内容运营?到底应该怎么做呢?

17.3.1 内容运营的目的

内容运营是指找到用户的兴趣点来吸引用户的注意,同时把企业想要表达的价值表达出去。例如,打造专家圈子,让专家聚集起来,借助专家的 IP 和知识来发挥作用。宝瑞通有 100 多名鉴宝的专家,这些专家会在宝瑞通平台上发一些古董和收藏方面的知识,以吸引用户关注。这也是第 14 章讲的资源挖掘中所提出的专家资源价值的挖掘。

内容运营还可以包括产品的一些卖点、企业的价值观,甚至包括企业自身的优势介绍。例如,哈尔滨工业大学是重点高校,它的教学质量非常高,而且学术成就非常大,但如果不对此点进行宣传,很多人可能不知道此事。

内容运营还可以介绍产品的卖点,例如,什么值得买。网易严选、逻辑思维、小红书、玩物志等都是通过优秀的内容运营来吸引消费者,并通过展示产品卖点,促成用户成交的。

内容运营还可以通过案例来做客户价值见证,客户案例就是口碑营销。前面讲到的"POM"模型中的"O"就是用户的口碑,其他人的使用情况最能转化成消费者的消费动力。比如医美行业的隆鼻案例、家居地板行业的实景装修案例、健康行业的病案、幼儿教育的学习成果案例等,都是非常好的转化销售的素材。

17.3.2 内容运营的重要性

2016 年 3 月,淘宝把内容作为三大发展方向之一。回顾一下这几年手淘 App 的版本优化迭代过程就能发现,手淘逐渐把短视频、微淘的一些功能进行了优化,向内容和推荐方向发展。通过几年的准备,在具备了优质的内容和相关的生产机构之后,在 2019 年 8 月,淘宝宣布将在未来 3 年投入 5 亿元打造淘宝"神人 IP",无论是 KOL 还是 KOC(关键意见消费者)都可成为"神人"。图 17-4 展示了淘宝的品牌号。这也意味着以淘宝直播、短视频、微淘为代表的淘宝内容生态将再次全面升级。

如果企业想做运营内容,或者想要内容运营真正发挥价值,就要长期稳定地输出有价值的内容,并且希望内容运营能给企业带来厚积薄发的价值,同时前期一定要有准备。我们现在所处的是一个从运营商品进化为运营用户的内容电商的 3.0 时代,所以内容是非常重要的。

图17-4 淘宝的品牌号[①]

笔者有一次和一位从事医美行业的客户进行沟通,在提到医美行业需要做自己的内容运营体系时,各个医院院长的积极性非常高,觉得这是一件非常好的事情。但是,这些院长又有一些困惑:内容运营如何做?怎么做?怎么保证内容持续沉淀?如何保证内容的优质?相信这些问题能代表很多企业老板的心声。

某医疗美容医院院长分享过一个真实的客户案例。一位客户想做一个美容"犒劳"一下自己,当她看到这家医疗美容医院的销售人员在"达人圈子"上发的一个某顾客做的一个美容项目感受的网文后,这个客户觉得这个项目很适合她,就直接在"达人圈子"里面下单了。这个案例也从侧面反映出,内容运营无论是在"种草"(把一样事物推荐分享给另一个人,让另一个人也喜欢这事物)环节、首单转化环节还是复购环节都非常重要。

在内容运营方面,企业管理者普遍关心以下两个问题。
(1)如何保证内容质量?
(2)如何让内容很好地沉淀?

接下来分析,企业搭建内容运营体系时,如何做好内容质量,如何做有价值的内容体系,以及这些内容如何更好地在私域流量内沉淀。

17.3.3 从6个维度出发:搭建企业内容运营体系

企业私域流量运营与互联网运营的方式有很多不同,会员生命周期不同、运营认知理念不同、落地操作要求不同、投入成本不同,但是运营的核心目的是一样的:围绕用户做精细化运营。企业提供的所有服务通过不同形式的内容吸引消费者。这些都要满足用户的需求,以用户为中心。

我们从6个维度帮助企业梳理内容运营体系。即分别从用户兴趣点、资源介绍、活动内容、企业介绍、客户案例、产品介绍这6个方面梳理内容体系,按照"分析用户需求→建立信任感→成交"的顺序进行搭建。从以用户为中心开始,最终以达到成交为目的。内容运营体系搭建流程是定位→生产→包装→发布。

---

① 图片来源:淘宝内容运营平台官网。

17.3 价值运营中的内容运营体系

私域流量的内容运营主要通过企业数字化平台上的专家圈子、社群圈子等私有化内容工具和新媒体渠道来呈现，图 17-5 中的 6 个内容维度在这两方面都适用，但在圈子上的作用会更大一些，而且通过圈子针对用户做内容运营会更灵活、更个性化。

图 17-5　6 个内容维度

1. 寻找用户兴趣点，吸引用户

内容运营最重要的是找到用户的兴趣点，用户的兴趣点如何寻找呢？通常使用 6 步分析法（见图 17-6）。

图 17-6　6 步分析法

1）分析用户

推荐一个公众号，名字叫"丁香医生"。"丁香医生"是专门提供医学健康内容与医疗健康服务的平台，提供由专业医生写的科普文章、正确的就医用药参考、找医院查疾病的 App 工具，以及专业贴心的线下诊所服务。[1]

---

[1] 参见丁香医生官网。

第17章 步骤五：规模与黏性——用户的价值体系与忠诚度设计

"丁香医生"的主体公司杭州联科美讯生物医药技术有限公司在微信平台上建立了一个公众号矩阵，"丁香医生"这个公众号只是其中的一个矩阵。"丁香医生"的内容做得很好，首条每天阅读量基本在10万以上，根据微信展示的数据，笔者的微信朋友里有152个人关注了它，这说明其粉丝覆盖范围很广。

为什么以它为例呢？基于它的平台定位——医学健康内容与医疗健康服务平台，如果我们是"丁香医生"的内容运营负责人，那么我们应该怎么设计它的内容体系？直观地想，可能包括怎么保养、怎么养生、什么症状属于什么病，以及如何预防等。这些通过自然联系是可以考虑到的，但是我们去看一下其公众号的内容，会发现一些有意思的内容：

- 多久洗一次头发？
- 脸大的好处你不知道

……

在"脸大的好处你不知道"这篇文章里面，收尾的一句话特别典型，"我觉得脸'大翻脸'的时候比较费劲。"在医学的文章里还能发现这样的句子，是不是会让读者觉得很有趣？

发现"丁香医生"发布的内容和我们一开始预想的是不一样的。这些内容给用户整体的印象是"丁香医生"喜欢调侃、有趣，还挺专业。

"丁香先生"就挖掘了用户的兴趣点，用很有意思的内容形式搭建了自己的内容体系，做了自己品牌的定位。"丁香医生"公众号推文示例如图17-7所示。

再看一个名为"闪送"的微信公众号，"闪送"的标语是"同城1小时速递"。当有紧急的快递需要寄出的情况下，我们可以用闪送进行同城快递。有一次华秉盈销熵学院在北京开总裁班课程时，老师们忘记了带公司公章，无法和学员签合同，当时就让办公室的同事用"闪送"把公司章快递到了会场。"闪送"的服务既快捷又安全，体验很好。除了服务体验好，"闪送"的内容运营做得也非常好。

我们平时用"闪送"都是为了送快递。就像上面举的例子，一般从机场、火车站到家里，或者从公司到家里，以及对于特殊的临时需求等，需要"闪送"来服务。"闪送"的微信公众号上发表了一篇文章，将一些有意思的"闪送"需求整理了出来，如图17-8（a）所示。

图17-7 "丁香医生"公众号推文示例[①]

---

① 图片来源：微信公众号"丁香医生"。

备注"帮我把垃圾扔到 1 楼"的人可能是"不差钱"的懒汉。

备注"去棋牌室帮我叫个人回来吃饭"的人可能是退休的老人。

备注"帮我敲开生蚝,希望力气大的小哥接"的人可能是在异乡单独奋斗的姑娘,在用这种方式调侃自己的生活。

……

"闪送"通过在微信公众号上发布的这些有意思的场景需求,让我们好像看到了一个个在身边发生的故事。故事很生动,很有"代入感"。而微信公众号"闪送"上的内容运营体系也都是基于故事场景搭建的。

我们再来看看"闪送"上的文章标题,如图 17-8(b)所示。

(a)　　　　　　　　(b)

图 17-8 "闪送"公众号的部分内容[①]

"请别把塑料姐妹花当我闺蜜,我真正的闺蜜是这样的……",这是讲闺蜜感情的。

"一个从不吼孩子的妈妈是怎样练成的?"这是被娃折腾得不行的妈妈们的心底呐喊。

这些都是日常生活中不同身份的人会关注的一些热点。"闪送"公众号上的文章并没有说自己企业的"闪送"服务有多专业,而是通过对用户情感和用户兴趣点的把握,用内容将品牌的格调展示给用户,在用户心里形成一个良好的定位。

从上面两个案例中我们能总结出,在搭建内容体系时,需要分析我们的目标用户,并基于此进行下一步的工作。

2)基于用户场景设计

在互联网产品的设计过程中,经常要基于用户场景进行设计。那么到底什么是用户场景呢?举一个例子,我们在分析用户购买需求的场景时,并不是从用户走进

---

① 图片来源:微信公众号"闪送"。

第17章 步骤五：规模与黏性——用户的价值体系与忠诚度设计

门店那一刻开始分析，而是要拉长用户购买的时间线并进行场景分析。

以母婴产品为例，我们要分析一个两岁孩子的妈妈的真实生活场景是什么，并不是从她走进店门购买尿不湿的那一刻才开始，而是基于她作为孩子妈妈的全部场景分析。示例如下。

- 如果孩子不爱吃饭，总挑食，怎么办？
- 如果孩子生病了，怎么办？
- 孩子在哪些情况下需要补钙？
- 孩子的大脑发育有没有迟缓？
- 如果职场妈妈每天和孩子分离，产生焦虑症，怎么办？

……

这些是用户的真实场景。我们要基于用户的这些场景进行分析，以便为用户提供有价值的服务。比如，如果我们想要销售补钙的产品，那么应了解以下内容。

- 补钙的产品针对两岁的宝宝是否是必需的？
- 在补钙方面的专业知识是什么？
- 孩子有哪些症状意味着可能需要补钙？
- 过量补钙的危害是什么？
- 有哪些案例表明宝宝补充钙后有明显的改变？

……

这些都是我们梳理内容的思路。在做内容运营的时候，要基于用户的需求场景进行考虑，这样更容易让用户理解并能够帮助用户解决痛点。

再以餐饮行业为例，我们分析用户场景也不是用户踏进饭馆的那一刻开始的，而是在他出门前就开始了。

- 这次就餐是商务宴请吗？
- 是情人节大餐？
- 是家庭聚餐还是朋友小聚？

……

通过对餐饮企业目标用户的定位，分析出真实的需求场景。例如，对于商务宴请，用户可能需要的是商务用餐礼仪，如何点菜最体面而且性价比最高等。

情侣一起吃饭要的是融洽、浪漫的氛围。例如，某餐桌上写着"情侣之间，没有什么小矛盾是不能用一顿大餐来解决的，如果一顿不够，就来两顿"。有的西餐厅喜欢暗淡的灯光、悠扬的轻音乐、燃烧着的彩色蜡烛，这些都能够为情侣营造好的氛围。上面这些运营环节的设定为用户提供了很好的消费场景。

总体来说，用户的真实场景是基于用户身份定位的。对用户的全部生活场景分析得越全面，越容易从这些场景里挖掘出用户的需求。

3）挖掘用户的实际需求

通过定位用户、梳理场景，我们可以很容易挖掘出用户的实际需求。例如，两岁宝宝的妈妈关于宝宝的生长发育需要专业的知识，职场妈妈需要的是理解和减压。

之前一个企业客户建立了母婴主题的微信群，在介绍产品的时候，群里宝妈们都不说话；而一旦有一个人说老公在家不管娃天天玩游戏的时候，群里一堆宝妈便会出来开始吐槽。这就是用户的真实需求。我们要把用户的这些真实的需求挖掘出来，放大它，满足它，这样就可以得到用户的关注。

4）了解行业

我们要知道行业趋势是什么？行业内上下游产业链的人都在关心什么？这些行业"大号"的定位是什么？这些行业"大号"为什么这样做？通过了解行业"大号"的动作，可以帮助我们更快地了解该行业。

可能要花费一些时间了解行业，再将大号的文章全部浏览一遍，之后用前面的分析思路梳理一遍，这样才会对整个行业有更深的了解，并提供了梳理内容运营体系的维度。

5）研究竞争对手

我们的竞争对手是谁？他的目标用户群体是谁？场景是什么？需求是什么？我和他可以拉开差异的地方在哪里？

有一次，笔者帮一个家居家装行业的客户分析他们的竞品，发现这个竞争对手的微信公众号中的文章一般有一两千次的阅读量，但也有一些文章均会有五六千次的阅读量。这些文章的阅读量为什么会高出平均值这么多呢？它的文章主题一般是这样的——"豪宅的装修都是这样的""亿万富翁的家原来需要这些东西"……因此，我们从文章中基本上可以推断出，这个竞争对手的用户群对"豪宅""亿万富翁"这样的词汇比较感兴趣。后来，我们通过分析发现其用户以高端用户为主，而且这家企业的客单价在行业里属于前列。我们在梳理自己的内容运营体系的时候，可以参考这样的思路。

新榜上可以展示当前公众号的热度，这样能够帮助我们筛选竞品。新榜会把公众号中所有的热门公众号以及它的价值通过数值表示出来，这样，我们就可以通过新榜筛选，看看和行业相关的这些有价值的公众号是怎么运营的。

6）蹭热点

做内容运营的时候，"蹭热点"永远是做爆文的基础。在搭建内容运营体系的过程中，了解实时的热点是必不可少的。我们可以利用一些互联网工具（例如百度指数、搜狗指数等）去寻找热点。

蹭热点的时候，一定要看关注热点的人群是否和企业的目标用户群相匹配。2019年有一个特别有意思的案例，就是"80后帮周杰伦打榜事件"（对这个案例感兴趣的读者可以去网上搜一下）。我们服务过一个家居家装行业的客户，这个企业的目标用户群体是 30 多岁的人，和这次热点的关注群体"80 后"是比较匹配的。因此，这个客户就借助这个热点发布了一系列的运营文章，借助这个事件的高热度，这个家居企业成功地拥有了许多新用户。

综上所述，在搭建内容时，最核心的一点应是通过分析用户、场景和用户的真实需求来挖掘用户的兴趣点。而了解行业、竞品和搜索热点有助于我们开拓思路并找到更好的方式来搭建内容体系。

2. 梳理有价值的资源，为用户提供价值

通过第一个维度梳理出了用户的兴趣点，接下来需要梳理如何为用户提供价值，如何满足用户的兴趣点。而有价值的资源有以下几个维度。

1）人的维度：专家资源

每一个行业都需要通过专业人士建立起行业优势。例如，健康行业有专业的医师，服装行业有搭配专家，家居行业有设计师。我们利用专家的专业优势可以为客户提供独一无二的知识价值，这些就是我们可以利用的资源。而通过这些资源提供的内容就可以作为吸引用户的素材。

例如，我们的一个客户是中医健康养生方面的人，精通针灸和穴位。他通过专业的知识为用户提供系列直播，为大家讲解如何在家调理身体，解决一些问题（如睡眠的问题、胃病、过敏性鼻炎等）。他通过发布内容建立专家 IP 形象，这有助于后期用户购买他的服务。

另一个客户是做幼儿教育的，他有自己专属的课程，用于提升孩子的创造力和其他多方面能力。早教老师就是他的资源，老师提供的课程就可以为用户提供价值，提升用户的信赖程度。

2）物料素材：实物类或虚拟类

企业做品牌多年，有的已经积累了很多素材但没有很好地利用起来。例如，我们有一个家居家装的客户，他花了几十万元让几十个设计师花了 3 个月的时间设计了 1200 多套 VR 实景装修图。但是我们在调研时发现，他并没有很好地将这些利用起来。我们帮他将这些素材资源利用起来之后，很快就吸引了很多消费者。通过这类价值资源吸引用户的关注，才会有机会和用户产生交易。

3. 展示企业实力，提升信任

前面讲的为用户提供价值和接下来要讲的展示企业实力都有一个目的——提升用户对品牌的信任。用户的信任是商品成交的基石。

如何展示企业实力？企业的门店数、企业获得的行业口碑、企业的渠道数量、企业获得的奖励等，都是企业实力的象征。但是要注意，因为展示企业实力是向用户介绍"我"怎么样，而不是站在用户角度提供"他"真正需要的东西，所以展示企业实力时不适合长篇大论,而应在新用户建立初步信任感之后,在成交之前巩固信任感。

4. 客户案例——有效的口碑营销

"转介绍"是有效的成交方式,尤其在客单价高的产品上体现得更明显。这也是为什么"客户案例"和客户评价是所有电商购物平台都要重视的。

在私域流量内展示客户案例时,一定提供真实的内容。这不仅可以辅助用户进行消费决策,还可以增强用户对企业的信任感。

我们服务的家居客户在做老客户调研时发现,装修后的实际效果是用户在成单之前最关注的一个要点。基于这个要点我们设计了用户服务体验开发方案,特意开发了"一物一码"小程序和客户案例展示工具,并结合智能导购的功能,完善了用户在销售数字化方面的体验。通过客户案例帮助销售人员促成用户的购买决策,从而提升了销售业绩。

5. 通过"5 问法"找到产品关键卖点

在用户对企业的品牌感兴趣,对企业建立了基本的信任感之后,我们需要找到最有效果的产品介绍话术。其实就是找到产品的卖点,从而更好地用内容把产品特色呈现出来。

1) 针对特定人群的特定需求,我们要展现出哪些细节?

我们在介绍产品卖点时,一定要找准用户的使用需求点。如果早教机构致力于 3 岁以上孩子的教育,它们提供了哪些专业的服务可以证明它们做得更好?我们服务过教育行业的客户,他开设了一门"创造力"课程,而参加"创造力"课程的孩子们获得了很多专利,这些数字就能证明针对孩子的教育,这个客户做得很专业。

而针对 3 岁以下的孩子妈妈进行宣传时,就不能推专利这个要点,因为这个时候妈妈的重点是宝宝的成长,所以我们要针对特定人群的需求,梳理产品的卖点。

2) 和竞品对比,最显著的特点如何体现?

在对消费者进行"心智"定位时,企业品牌一定做准营销定位。例如,有的地板品牌主打地暖地板,有的主打进口和安全;有的餐饮行业主打情侣套餐,有的主打家庭聚餐等。与竞品对比最显著的特点是什么?找准一个特点进行内容梳理。

例如,如何体现地板的安全性?幼儿园使用的地板是否可以证明其安全性?国际上最权威的检测证书是否可以证明其安全性?全国的进口代理合同是否可以展示产品是纯进口的?这些都要在企业营销中展示出来,用实力将产品特点展示出来。

3) 在产品生产或者服务体验过程中,有哪些特定的过程可以展示产品的特点?

笔者在某电商平台上看到过一种木地板的介绍,地板将从国外进口的合同细节、木地板运输的照片、财务来往的款据等都展示了出来。工厂的加工、物料的运输等,这些制造和运输过程中的细节塑造了真实感,容易让用户建立信任感。

第17章 步骤五：规模与黏性——用户的价值体系与忠诚度设计

我们服务过一个从事中医针灸的客户，他的针灸过程只在腹部进行。在做腹部针灸时，通过尺子取穴位。因为其他的中医是通过感觉和经验来摸准穴位的，而这位老师通过精准的数据比例进行针灸定穴位，所以他的取穴会更精准一些，这种特殊的服务流程也能给用户留下好印象。

4）有哪些客户案例可以证明产品/服务好？

这里其实可以将客户案例以及用户评价作为产品的卖点。例如，要突出产品的安全，可以找幼儿园或者宝妈的客户案例；要证明餐饮门店是为年轻人聚餐而设计的，可以找学生聚餐案例来展示；要突出教育培训的效果，可以直接利用客户评价内容。

5）有哪些品牌可以为我们的产品站台？

如果企业的产品有大品牌背书，或者有知名客户购买或享受了相关服务，那必然可以提升信任度。我们如果不花重金邀请明星做代言，有没有其他的方式可以达到很好的效果呢？找到用户群体中有影响力的客户就是一种好方式。例如，我们服务的一个企业的产品在中央电视台演播厅使用，这就给企业带来了更高的信任度。

案例：华秉盈销熵学院用5问法梳理产品卖点

以华秉盈销熵学院的"盈利增长训练营"培训课程为例，介绍应该如何梳理产品卖点。

首先，针对特定人群的特定需求，我们展示出了哪些细节？

我们服务的客户群体是实体企业的老板和高管，例如CIO、CMO等；我们课程的目的是提升企业的数字化运营能力，而聘请的讲课老师都是一线互联网公司中自带上千万甚至上亿流量的优秀专家（例如，爱奇艺的产品运营总监、腾讯高级产品经理等）。课程内提供的案例既有互联网公司内部实操案例，还结合了很多我们服务的客户4年来的实操经验案例。所有案例的价值独一无二。

其次，和竞品对比，最显著的特点如何体现？

"盈利增长训练营"课程最大的特点是实操性强。课程老师提供的工具卡是完全结合实体门店落地设计的，是在服务了上万家门店之后总结出来的有实际效果的落地工具，这是许多纯做线上运营的课程所没有的。

之后，在产品生产或者服务体验过程中，有哪些特定的过程可以展示产品的特点？

每一节课的打磨周期不少于一个月，老师课件更新次数在10以上。在正式给学员讲授之前，有两轮的内审过程，保证每一次课程既有"干货"，又让学员很容易理解和掌握。

接下来，有哪些客户案例可以证明产品/服务好？

我们服务的客户案例非常多，成功的客户会在课堂上为我们的课程提供有效性证明，如展示自己内部的运营数据，进店人数、提单率、会员数、复购率等指标都有明显的提升等。

最后,有哪些品牌可以为我们的产品站台?

"盈利增长训练营"课程被哈尔滨工业大学(深圳)继续教育学院引进,也是哈尔滨工业大学继续教育学院引进的唯一线上运营课程,而且毕业的学生可以获得哈尔滨工业大学继续教育学院的毕业证书。

以上是以华秉盈销熵学院的"盈利增长训练营"这一培训课程为例,进行的产品卖点梳理。

6. 如何用内容玩转活动

通过前面5个内容维度的梳理,相信大家已经建立了一定程度上的用户运营思维。通过内容运营,我们可以做一些有趣的活动来刺激用户互动和裂变。下面分享两种常用的方式。

1) 留言、点赞、送礼

我们在公众号内经常见到这种形式的活动,在公众号文章后面留言点赞最多的人可以获得价值多少元的礼品等。笔者曾研究过一个美妆公众号,发现只要有这样的评论、点赞、送礼活动,公众号文章的阅读量就会提升很多。遗憾的是,如何能将这样的内容持续做下去呢?我们可以在链客盈销圈子里完成这个活动,这样既能达到增加用户的效果,又能将内容沉淀下来。

圈子是企业私域流量运营平台链客盈销的一个功能。它本身支持发布语音、图片、短视频和文章等内容形式,内容发布后以瀑布流的形式展示在企业公众号内;同时支持评论、点赞、收藏等功能。可以利用书中提及的前5个维度的内容将其梳理成内容,放在企业圈子内。或者在用户关注公众号时,作为销售的日常内容素材运营粉丝和社群,达到拉粉丝、活跃会员,以及促进消费转化的目的。

通过公众号文章发布内容,让消费者、留言、点赞以获得礼品,这种形式虽然效果好,但是没有办法形成串联的积累效应。而利用企业圈子,则可以将每一次的文章内容串联起来,不受发布文章次数的限制。可以用圈子将所有的内容素材沉淀下来,用户进入圈子之后便可以看到全部的内容。

另外,圈子本身也提供了互动功能,在文章后留言评论的时候,会引导用户关注公众号。这不仅可以增加粉丝关注数,还提供了很好的分享引导功能,起到了内容裂变的效果。

2) "PK送礼"

另外一种可以用圈子来执行的内容运营方式是"PK送礼"。在很多App内,PK互动形式是留存和活跃用户的好方法。例如,百度浏览器里原来的吐槽PK、招商银行App内的日常话题PK,以及支付宝App内的PK玩法,这些都针对用户群体抛出一个有代入感的话题,引导大家互动留言,根据正方和反方的支持数量来区别胜负。

利用圈子也可以达到同样的效果和目的。

例如，我们在"盈利增长训练营"上做的一次活动是，以"你认为一个企业应该先做好产品，还是应该做好销售？"为话题，引导大家在圈子内投票PK。大家在评论区中的讨论非常热烈，最终获胜一方可以获得"盈利增长训练营"的落地工具卡一套。

在设计PK内容时需要注意的是"覆盖率+兴趣+动力"。

第一，PK话题和活动送达人群的匹配度要高，以便于让更多的用户参与进来，用户的覆盖率一定要大于30%。

第二，PK话题和用户群体的兴趣点要相契合，能引起大家相互PK的兴趣。

第三，提供有吸引力的"福利礼品"，让大家有更强的参与动力。

17.3.4 使用内容价值标尺判定内容适用场景

使用6个维度梳理出内容运营体系后，这些内容应该在什么场景下使用呢？对此，我们可以通过"内容价值标尺"（见图17-9）进行判断。

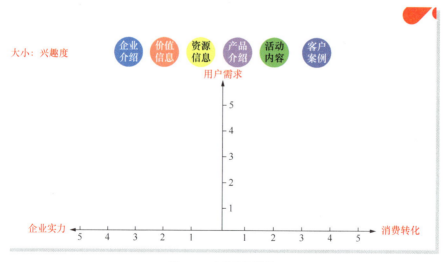

图17-9 内容价值标尺

"内容价值标尺"是华秉盈销熵学院院长边亚南为圈子运营设计的、用于内容价值定位的工具，用于判断生产出来的内容适合哪些用户运营场景，比如，是用于拓客引流、增强信任，还是用于提高购买等？这些内容可以通过数字化运营，在用户全生命周期运营的拓客引流环节、增强信任环节和首单转化环节等有针对性地使用。

把上一节中梳理出来的6种类型的内容按照满足用户需求、促进消费转化、企业实力证明以及用户感兴趣程度这4个维度来对内容价值进行定位,可以得到图17-10所示的圈子内容使用场景。

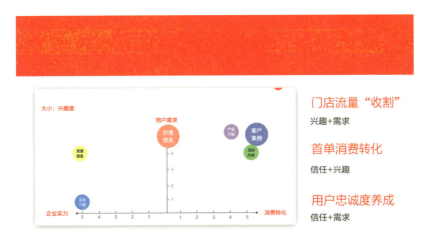

图17-10 圈子内容使用场景

这些内容在标尺上的不同位置和大小代表了其在用户生命周期不同阶段的使用价值。

(1)代表"兴趣度"的圆圈面积越大,说明用户的兴趣度越大,可以优先使用它吸引用户进入数字化平台。

(2)"用户需求"维度的值越高,对用户的价值越大,在辅助建立信任感时可以优先使用它。

(3)"企业实力"也是增强客户信任感的好工具。

(4)"消费转化"维度高的内容则是在最后的成交环节需要的内容工具。

利用这个价值标尺,除了可以判定上一节中总结出的6种类型的内容应该应用在哪些场景,还可以判定生产出来的具体内容适合应用在会员运营的哪些环节中。

门店流量"收割"时(拓客时),适合使用用户感兴趣和满足用户需求的内容;首单消费转化时,适合使用增强信任以及满足用户兴趣点的内容;用户忠诚度养成时,可以多利用信任+需求的内容来运营。

以家居家装行业的粉丝运营来举例,新会员有装修需要时,用户本身的兴趣点是装修案例和效果实景图。我们可以用装修实景图作为福利,吸引用户关注我们。

在用户关注之后,我们可以展示企业的实力和客户案例,让用户对我们产生强烈的信任感,这有助于成交。在用户成交之后,我们希望用户持续在我们的数字化平台上活跃,因此就要为用户感兴趣的内容,例如,家居收纳方案、家具和地板保养方法等内容。

通过这样的梳理，我们就可以很快地得出家居家装企业的内容运营维度了。

17.4 成长体系设计与忠诚度运营

扩大用户规模与提高黏性的时候，除了价值运营，还要做成长体系与忠诚度运营。在讲述成长体系设计与忠诚度运营之前，我们要先了解清楚用户为什么会对企业产生黏性？在这里我们可以学习一下游戏设计中的八角行为分析法，因为好游戏的用户黏性非常强。

17.4.1 用户黏性的八角行为分析法

周郁凯著的《游戏化实战》一书中提出了"八角行为分析法"。周郁凯从游戏中总结了一套激励个人行为动力的思想架构，并成功地运用在企业管理、个人健康、教育培训和商业零售等多个领域。他自创的游戏化理论"八角行为分析法"被翻译成了十几种语言。

这个理论是怎么提出来的呢？游戏是很容易让人上瘾的，不仅青少年会上瘾，很多三四十岁的中年人也一样欲罢不能。那么，究竟为什么游戏会有这么大的魅力呢？为了解开这个谜题，周郁凯经过潜心的研究，找到了游戏成瘾的 8 个成因机制，后来命名为"八角行为分析法"。

为了让读者对八角行为分析法有一个大概的印象，下面简单地解释一下。

八角行为分析法使用常见的八角形外加 8 个角对应的 8 个维度的核心驱动力。其框架如图 17-11 所示。这八大核心驱动力可以帮助我们设计一个完整的产品，以在用户的不同使用阶段，使其有不同的产品形态和侧重点，让用户乐于使用此产品。这可以让产品获取用户价值的转化，形成一个不断完善的平台，为用户提供更多高质量的产品和服务。

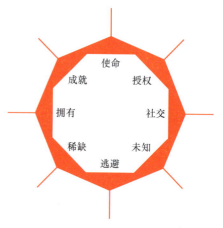

图 17-11 八角形为分析法框架①

---

① 图片源自周郁凯著的《游戏化实战》。

1. 使命（meaning）——史诗意义和使命感

"使命"是指我们往往会认为自己正在做的事情的意义比事情本身更重要。这就会驱使我们身体力行，甚至竭尽全力去完成目标以宽慰内心世界。使命感有大有小，大的使命有科学家为了人类文明的进步而彻夜攻克难关，小的使命有在知乎上回答一些专业的问题以帮助别人等。

多数公益性质的活动是基于使命感而驱动的。比如，在"水之行"公益活动中有很多小朋友担任环保大使，积极宣传水资源的合理利用，这就是一种使命驱动的行为。

2. 成就（accomplishment）——成长和成就感

"成就"是指我们在使用产品的过程中，通过投入时间、精力、金钱等所取得的进展、学习到的技能等而带来的驱动力。在这个过程中挑战和付出非常重要，挑战的难度越高，付出的努力越大，成就感就越强。

互联网产品中，用户的积分、等级、勋章这些虚拟物品往往代表着用户的一种成就。为了让用户活跃，有些产品会使用打卡、签到等形式，即便它并没有实际的价值，也能在一定程度上促进用户活跃，原因就是给了用户一种获得虚拟成长的感觉。

笔者早年发现，在腾讯的问问社区，很多热衷于回答问题的专家都很看重积分、等级以及提问者的采纳度等，尤其是提问者采纳建议时的感谢，原因是这些能够给他们带来成就感。

3. 授权（empowerment）——创意和及时反馈

"授权与反馈"能够驱动玩家全身心投入创造的过程中，不断找出新事物，并尝试不同的组合。人们不仅需要有表达创造力的途径，还需要能看到创造力的结果，获得反馈并及时调整。比如用户在抖音上制作有趣的视频并发布出去，这便让用户自己发挥了创造力。抖音上绝大多数的短视频内容来自用户的制作，而不是抖音官方的制作。这些优质的短视频内容一直能够紧跟热点和用户的喜好，能够对观看抖音的人一直保持新鲜感和吸引力。

其他常见的 UGC 模式也可以让用户发挥自己的创造力。早年腾讯做过的产品 QQ 空间——让用户装扮自己的主页、QQ 秀——让用户装扮自己的虚拟形象，这些都属于激发用户的创意。北京华秉科技有限公司设计的专家圈子、达人秀也是一种授权，让拥有专业知识的专家可以在专家圈子里面展示自己的知识，在发布自己的视频、图文信息后，可以立刻看到发布后的效果，并且当有用户浏览、收藏时自己能够迅速看到。这些会及时反馈给专家，让他们产生成就感并且和自己的粉丝互动。达人秀可以让消费者中的达人展示自己的消费心得，和其他消费者建立连接并产生互动。

4. 拥有（ownership）——所有权和拥有感

"所有权与拥有感"是指用户感到自己拥有或控制某样东西，并受到激励。当用户对某样物品建立"拥有感"时，自然会想要提升该物品的数量或该物品的各项性能。这一驱动力是人类积累财富的主要欲望来源，也是玩家积累虚拟货币的主要驱动力，比如游戏中提升装备性能、提升角色形象等。

例如，北京华秉科技有限公司设计的人人分销体系中，分销人员可以实时看到自己的下级会员带来的收益。这些既是一种实时反馈，也是分销人员可以真切地感受到的"拥有感"。有统计表明，当分销人员的下级会员达到某个数量阈值时，他会更加积极地发展下级会员。因此，北京华秉科技有限公司的软件设计中增加了很多柔性的分销功能。例如，用户领红包后会自动成为分享者的下级会员，领优惠券后会自动成为分享者的下级会员，看直播后会自动成为分享者的下级会员，参与拼团后会自动成为分享者的下级会员等，让分享者在无障碍的情况下拥有的下级会员数量迅速超过这个阈值。

5. 社交（social influence）——社交影响和关联性

"社交"是人们所有社交因素的集合体，包括师徒关系、伙伴关系、竞争关系，游戏中的工会系统、组队系统，可以让游戏玩家在游戏中建立社团，结交更多的朋友，一起完成任务等。

游戏《王者荣耀》2018年的收入超过上百亿元，其成功的因素很多，但最重要的成功因素之一就是，它非常好地利用了熟人社交。

6. 稀缺（scarcity）——稀缺性和渴望

"稀缺"是指人们想要某样东西的原因仅是它太罕见，或者无法立刻获得而产生的驱动力。其中包括任务机制、游戏时间等限制，这些因素使玩家无法立刻获得奖励，从而激励他们一有机会就继续玩这款产品。虽然《王者荣耀》限制了青少年玩游戏的时长，但是这很有可能会刺激青少年更加沉迷于游戏。

7. 未知（unpredictability）——未知性与好奇

人们会受到吸引，是因为不知道接下来会发生什么，这就是未知性与好奇心驱动的。当某样东西超出日常的模式识别系统后，人的大脑便会立即进入高速运转模式以关注这突如其来的事物。

例如，对于微信的红包抽奖，因为人们对金额的"未知"而产生期待，所以虽然红包的金额往往都很小，但用户非常期待抢到红包。

8. 逃避（avoidance）——亏损与逃避心

我们都不希望坏的事情发生——不希望之前的努力白费，不想承认自己做了无用功，正在消失的机会也是对这一核心驱动力的有效应用，比如特别优惠、限时抢购[①]。

用户运营和游戏设计特别类似，我们用游戏思维模型的八角行为分析法来分析用户运营中的一些情形。比如，用户中的忠诚用户肯定是基于一种价值理念而产生

---

① 参见周郁凯著的《游戏化实战》。

的，要么是使命、创造、成就感，要么是逃避或稀缺，肯定是其中的一种或者几种激励因素在起作用。所以，在用户运营的成长体系设计和忠诚度运营中要考虑好如何运用这 8 个激励因素。

17.4.2 成长体系设计

成长体系设计通常通过会员等级、VIP 特权、积分商城等方式来体现。在成长体系设计中通常会考虑上面所列 8 种激励因素中的成就、拥有、稀缺等。

1."成就"驱动

会员的特权一般分为两种。一种是积分越多，等级越高，对应的特权越多，比如，会员等级阶梯用的是"成就"。多数的成长体系使用了积分等级制度。例如，娱乐直播的用户通过签到、观看直播、送礼物等获取不同的积分，积分对应不同的等级，而不同的等级在直播间里面显示的颜色和标识不同。高等级的会员会有一些炫酷的出场方式。这些等级阶梯的设计驱动了用户去积极关注主播、评论留言、与主播互动及赠送礼品等，这提高了用户的活跃度和黏性。

腾讯 QQ 早年为了提高 QQ 用户的活跃度，鼓励 QQ 用户在线，推出了 QQ 等级，通过星星、月亮、太阳等小图标的组合来标识 QQ 用户的不同等级。用户每在线一小时得一分，用户在线的时间越长，得分越多，等级就越高。QQ 等级制度推出之后极大地刺激了用户的在线热情。后来为了避免浪费电力资源，把在线小时数修改为在线天数，一个有效的在线天数对应一分。若一天中在线时长达到两小时，就算作一个有效的在线天数。同一天内超过两小时的在线时长部分则无助于提高 QQ 等级。调整后的 QQ 用户的分数的计算方法如下。

$$D = n^2 + 4n \tag{17-1}$$

式中，D 是 QQ 用户通过有效在线天数获得的分数，n 是 QQ 用户的等级。

最常见也最成功的"成就"驱动就是前面提到过的游戏中的等级积分。游戏的积分和等级的对应关系需要设计得非常合理，通常都采用类似于 QQ 用户的分数的计算公式。

$$P = ax^2 + bx + m \tag{17-2}$$

其中，P 是游戏中获得的积分；x 是游戏中对应的等级；a、b、m 是常数，用来调节初始等级对应的分数。

QQ 用户的分数和游戏中的积分之所以采用的是二次三项式的形式而不是等差数列的形式，是为了使用户在初期阶段提升等级很容易，较容易获得浅层的成就感。但随着等级的提升，升到下一个等级所需的分数会越来越多，在用户获得成就感的过程中增加难度。这样，用户升到更高等级后，才能获得更多的成就感。如果采用线性关系,则会存在要么初期升级困难使用户难以获得成就感,要么中期提升等级过于容易而失去成就感。

2."拥有"驱动

另一种会员特权是通过直接购买实现的,当用户为会员特权支付了一定数量的金钱之后,他会拥有对应的特殊权益。通过"拥有"进行激励比较常见,例如,京东的 Plus 会员每月都会获得 6 张免快递费的优惠券,退货时享受免费"上门取货"服务;爱奇艺、腾讯视频等上有只有会员可以看的电影、会员可以提前看的电视剧,会员还拥有跳过广告等特权。上面这些特权差异化用的就是"拥有"。

3."稀缺"驱动

喜茶会员的免排队券、将太无二的米其林餐厅免费体验都是一种"稀缺"的特权。很多零售型企业都有的"会员日"利用的就是"逃避"这一驱动力,例如,"会员周三半价"就会让会员觉得自己周三如果不来消费就亏了。利用这样一种心理,在用户的心中形成规律性的、反复的刺激,进而不断加强用户的品牌印象,甚至会形成习惯性的消费行为。

17.4.3 忠诚度运营

用户的忠诚度运营离不开前面讲述的价值运营和成长体系设计,但还需要很多其他因素。首先,我们要考虑用户为什么会对企业的品牌产生忠诚度。消费者更习惯去比较,哪个品牌的产品性价比高就买那个品牌。

忠诚的原因是什么?

最重要的也是普遍的品牌忠诚度源于"用户的感知价值",就是我们前面讲的"POM"里面的"P"。前面的章节讲过,用户的感知价值就是产品价值,产品价值 =(新体验 − 旧体验)− 替换成本。

用户的感知价值是最重要的,同时也需要考虑到用户的预期。而预期往往和成本、产品宣传等有关,用户的预期过高,在感知价值不变的情况下,满意度会降低。一种简单的表述方式如下。

$$用户满意度 = K \times 用户感知价值 - 用户预期价值 \qquad (17\text{-}3)$$

其中,K 是感知价值系数,且 $K>1$。

K 值和用户的情绪、环境、产品的用途等有一定的关系。比如,用户同样花 300 元买了一束鲜花:一种情况是用来装点自己的书房,让自己的书房看起来更温馨;另一种情况是买来送给爱人,让爱人更开心。这两种情况下 K 的取值是不同的。同样,我们在购买商品的时候,若情绪比较高,则买到一个符合预期的产品会比较开心和满意,因此 K 值就比较高。若在情绪低落的时候买到了一个符合预期的产品,会觉得不过如此，因此 K 值就比较低。这里很重要的一点就是，不要为了成交而盲目地给用户过高的预期，同时过高的价格也会抬升用户的预期价值。

在心理上，用户的满意度和上面提到的使命、成就、授权有很大的关系。当用户觉得这件事情是自己内心想要去做并且非常想要的时候，K 值会被放大，这就使得用户的预期价值和感知价值没那么重要。同样，让用户产生成就感或者让用户觉得获得授权，都会提高用户的满意度。

与"满意"相对应的是"没有不满意"，"没有不满意"和稀缺、未知、逃避等驱动力相关。例如，如果用户感觉某个商品的价格过高，则会出现感知价值严重低于预期价值的情况；但如果此商品处于稀缺状态，则用户不会产生不满意的情绪。

另外，对于探索未知，用户的预期价值通常不会太高，更多的是由"未知"这一驱动力驱动用户去做。用户也能够接受比较低的感知价值，如果感知价值远超过预期价值，则会给用户带来惊喜。就如同前面提到的微信红包，用户一般不会有抽中一个很大红包的预期，多数是几角钱、几元钱，如果偶尔抽中了几十元的红包，就会觉得很惊喜。实际上，如果你直接给用户几十元钱，用户可能都懒得去看。另外，当用户觉得可以避免亏损的时候，他不会因为感知价值严重低于预期价值而产生不满意。

因此，在提高用户的忠诚度方面，通常从两个方面入手。

- 在设计产品的时候，把成就、拥有、稀缺、逃避等要素融入其中。品牌设计中追求的个性化，以及销售及服务流程中的精准服务都是为了加强用户的成就和拥有这两个激励因素所带来的驱动力。而常见的秒杀和限时抢购这两种活动运营就使用稀缺和逃避这两个激励因素所带来的驱动力促进用户的购买。
- 在运营用户的时候，就需要把使命、授权、社交、未知等激励因素融入其中。因此忠诚度运营需要从几个维度入手。比如带有公益性的、有文化价值的、有号召力的产品很适合采用"使命"这一激励因素来提高用户的活跃度和忠诚度。而在人群相对固定（如地域接近、职位相近、兴趣相近等）的情况下，很适合采用"社交"这一激励因素来提高用户的黏性。比如2018 年兴起的社区团购就基于社区内地域相近这一共同点，虽然看起来都是团购，但社区团购融入了"社交"这一激励因素，因此能够快速地引爆市场。

在前面的福格模型中讲过"行为 = 动机 × 能力 × 诱因"（$B = MAT$）。八角行为分析法中的 8 个激励因素是用户采取行动的内在驱动力。此外，我们要想实现商业转化，往往还需要依赖产品和服务的创新来提高产品价值与用户体验等以提高用户的购买动机，并通过及时的优惠政策等诱因来促进购买。

成功的忠诚度运营能够通过绝对价值驱动口碑，口碑再驱动销售。高绝对价值和好口碑能够让用户对我们的品牌更加忠诚，同时还可以带来更多的新客户。

第18章

步骤六：裂变——资源裂变的7种武器、3个关键点及六要素模型

前面的章节提到，在裂变的过程中需要给用户一个理由和一个工具，让用户有帮助我们分享的动力和工具。用户的分享是企业最有价值的营销资源。

以往我们都是按照传统营销的漏斗模型来执行的，其中有 10 万次的曝光，1 万次的关注，1000 个人询价，100 个人购买。在传统模式中如果想要把购买变成 200 次，就需要 20 万次的曝光，我们要用程火山模型使资源更好地裂变。之所以建立私域流量，就是因为不能把漏斗模型中每一层漏掉的用户抛弃掉，而是要在每一层都把用户积累起来，努力提高向下一层的转化率和分享转播的转化率。经过一层一层的积累，到了底部就不是一个三角形的尖角，而是宽厚的火山底座，这样私域流量的运营才算成功。

18.1 第一种武器——拉新奖励

本章列举了资源裂变的 7 种武器，现在介绍第一种武器——拉新奖励。我们在前面的承载和连接部分中提到了美团，它在千团大战时期一个非常有效的武器就是拉新奖励。即老用户邀请一个新用户后，两个人都可获得 5 元奖励，但这 5 元只能用于购买团购的产品。笔者当时就拉好几个新人进入了美团平台。

很多企业策划过拉新奖励的活动。例如，盒马鲜生——阿里巴巴旗下的一个生鲜连锁品牌，它的老用户推荐好友注册、下单后，老用户即可获得相应的奖励；春播，一个销售各种农产品的平台，它的老用户成功邀请好友后就可获得 50 元奖励。这些都是拉新奖励，通过老用户带动新客户实现用户数量的裂变增长，为后续的运营提供良好的用户基础。

在拉新奖励的时候，要注意 3 点。第一是推广，包括员工推广和公众号推广两种方式。第二是设置新用户福利，刺激用户注册。第三是设置老用户福利，刺激用户分享，从而获得相应的福利。在这个过程中，老用户和新用户打开的页面应该是不一样的。这是数字化带来的全新方式，能够让不同的用户看到不同的东西。

例如，德州倚品扒鸡在拉新奖励的活动中，给新用户的是"真金白银"的代金券，因为新用户对产品的价值感知还相对模糊，而代金券直接可以当钱用，使用户的感知更简单清晰。德州倚品扒鸡给老用户的奖励是自己的价值型产品，因为老用户对企业产品的价值感知非常清晰，能够在几秒之内就判断出价值。

拉新奖励这种裂变方式的生命力很强，在互联网企业中已经用了很久，却仍然是非常有效的裂变武器。

18.2　第二种武器——红包裂变

资源裂变的第二种武器是红包裂变。红包裂变是企业给用户发红包，用户转发红包给其好友，其好友也可以领取红包的一种营销活动。对于红包裂变，我们都很熟悉。例如，滴滴打车、美团外卖都有红包裂变的优秀案例。早年以共享出行的几家企业（滴滴打车、快的打车、Uber 等），在用户打完车并支付费用之后，通常会给用户发送红包。用户把红包转发给好友之后，自己可以领打车红包，自己的好友也可以领打车红包，这就通过红包完成了裂变。

用户对红包的欢迎程度是比较高的，在微信刚推出服务号的前两年，有些服务号通过红包裂变的方式，一场活动就能拉到几万甚至几十万的粉丝。

18.3　第三种武器——身份裂变

身份裂变就是基于人的身份产生的裂变，是从个人到集体的一种裂变方式。例如，中国移动、中国电信等采用家庭卡、主卡、副卡这种方式，通过身份裂变把一个家庭都变成自己的客户，采用集团卡这种方式把整个公司的员工都变成自己的客户。笔者早年在腾讯的时候，中国电信就给腾讯员工办了集团卡，集团卡用户之间打电话免费。通过这种方式，一下子就把全公司的人都发展成了中国电信的用户。

神州租车也推出过一个亲情卡裂变的活动。用户充值之后，其家人也可以利用这个账号在打车时享受优惠。这一活动推出后，神州租车几天之内就新增了上百万用户。本来一个家庭里只有一个用户，但是通过亲情卡的设计，把一家人全都变成了神州租车的用户，这就是身份裂变。

18.4　第四种武器——福利裂变

福利裂变是让用户通过裂变的方式来享受某种福利，比如分享免费、砍价等都是福利裂变的一种。例如，乐吃串串通过砍价的方式，使这个店在 3 天内就有 9300 人参与活动，微信公众号新增了 2200 多名粉丝，这就是福利裂变带来的好处。

例如，一个自媒体为了提高微信圈子的内容数量、用户数量和提高用户活跃度，推出了一个励志类的主题比赛。所有加入微信圈子的用户都可以在微信圈子里发表自己的观点,并让其他用户参与点赞、评论等。所发表观点获得点赞数最多的用户将会获得一部 iPhone 手机。这个活动吸引了数千人参与并发表了自己的观点。

18.5　第五种武器——拼团裂变

拼团裂变是大家一起组团并用优惠价格购买某个商品的一种裂变方式。我们非常熟悉的拼多多就是目前"拼团裂变"这一武器用得最好的企业之一。拼团有多种类型,比如,以卖货为目的的卖货团、以拉新用户为目的的粉丝团、分销形式的佣金团、越买越便宜的乐购团等。

1. 卖货团

卖货团的目的是以卖货为主,这种拼团的特点是成团容易,一般 2～3 人即可拼成一个团,支持用户自己发起一个新团,也支持用户和别人凑成一个团。卖货团形式的营销活动的目的就是让用户购买,因此在购买环节上设计要尽量简单,让用户能够方便地完成购买操作。

2. 粉丝团

粉丝团的目的是让新用户注册和关注。在粉丝团形式的拼团中,关注和注册的环节非常靠前,而支付环节相对靠后。粉丝团通常支付费用门槛很低,甚至可以先成团再付款。如果企业优惠力度很大,通常建议 7 人以上才能拼成一个团,这样裂变效果会更好一些。图 18-1 是德州倚品扒鸡的一个拼团活动,拼团活动当天即有 1300 多人参与,并卖出了几百份国香扒鸡。这个拼团活动把原价 34 元的国香鲜扒鸡以拼团价 19.9 元进行售卖,优惠力度很大。活动采用的是 3 人成团,先成团后付款的模式。因此拉来的新用户数量远大于购买用户的数量,把老客户周围的朋友几乎都无门槛地拉到了私域流量池中。

图 18-1　德州倚品扒鸡的一个拼团活动

3. 佣金团

佣金团本质上是一种分销模式。当团员购买拼团商品时，团长可以获得一定比例的返佣奖励。比如，商品价格是 100 元，返佣比例是 10%，若一个团长创建的拼团中有 5 个人购买了该商品，购买总金额是 500 元，团长就会拿到 10% 的返佣，即 50 元。

4. 乐购团

乐购团采用的是买的人越多越便宜的方式，当买的人达到某一个阶梯阈值的时候，会给前面付过款的用户返还差价。比如，若乐购团设定的商品拼团价格是 100 元，当满 10 人购买时，价格是 97 元；当满 20 人购买时，价格是 95 元；当满 50 人购买时，价格是 92.5 元。当购买用户满 10 人时，之前以 100 元购买的用户，每人都会收到 3 元的差价。当购买用户满 20 人时，前面购买的 20 个用户都会收到 5 元的差价。当购买用户满 50 人的时候，前面购买的 50 个用户都会收到 7.5 元的差价。若乐购团能够推广起来，则会产生很大的势能，但前期的冷启动不太容易，所以乐购团的活动都需要一个比较长的持续周期。

18.6 第六种武器——捆绑裂变

捆绑裂变包含 3 种类型的捆绑——品牌捆绑、IP 捆绑、社交信用捆绑。

1. 品牌捆绑

品牌捆绑是和大品牌合作，利用大品牌的背书效应来抬高企业的自身品牌。

在企业自身品牌知名度不够高的情况下，和大品牌合作时会有稍微的不对等。如果可以找到一些直接合作的大品牌，这当然是好的方式，比如某花店和原麦山丘的合作就为自己的鲜花品牌增色很多。对于有些难以直接合作的大品牌，可以通过购买的方式，以这些大品牌的商品作为活动礼品来吸引客户。

如果企业自身品牌的知名度高，就可以寻找那些和自己目标用户群相同的大品牌进行合作，互相导流，并产生双赢的局面。比如，"农夫山泉 + 网易云音乐"和"喜茶 + 某化妆品企业"，通过这种大品牌之间的跨界合作，每一方都通过另一方的品牌效应给自己带来了更多的用户。

2. IP 捆绑

IP 捆绑是利用 IP 自带的流量来增加企业的私域流量。

例如，某生活美容机构做了一个活动，其标题是"0 元嫁给 * 涵"。活动当时是电视剧《我的前半生》正在热播的时期，它附加了 IP 流量属性以及趣味性。活动内容是在线上只要交 99 元，门店再补 900 元，即用户用 999 元换取一年 40 次的美容护肤，只要一年做完了这 40 次美容护肤，这 999 元会全额返还给用户。这个活动吸引了很多消费者参与。如果用户花了 999 元之后不来门店消费，这笔钱就被门店赚了；如果用户一年到门店消费了 40 次，门店就等于有了 40 次销售其他服务的机会。

椰子鞋，大家应该都不陌生，这款鞋的设计师 Kanye West，大家称他为"侃爷"，其爱人是时尚明星金•卡戴珊，她有很多明星资源。金•卡戴珊的妹妹是一名超模，也有很多超模的资源。所以椰子鞋推向市场的时候，他先通过一些明星和超模进行各种街拍来造势。这些明星、超模都是很大的 IP，自带用户流量。通过这些用户流量，再加上全程渗透营销，就成功地将这款鞋炒火了。

再举一个例子，某款国产的旅行箱曾经是某个非常知名的国际大品牌旅行箱的代工工厂。后来它推出了自己品牌的旅行箱，无论是设计还是做工都非常优秀，一点儿都不输于国际大品牌。由于其原材料和做工都是和国际大品牌同一档次的，因此它的价格高于普通品牌的旅行箱，但它没有品牌知名度。怎么提高自己的知名度，从而提高销量呢？通常的做法是大规模地做广告，把自己做成知名品牌。但这样大规模推广需要的费用太高，这家企业没有这么多的品牌推广预算。那么，它后来是如何花很少的钱就把自己做成了知名品牌的呢？

它采用了 IP 捆绑裂变的方法，将自己的产品免费送给国内的某些明星。有些明星不会用这旅行箱，但也有一些明星会用。明星用了它的旅行箱后就相当于变相为它代言了。通过这种方式，用很低的成本做了一个很好的 IP 捆绑裂变。

3. 社交信用捆绑

社交信用捆绑就是利用用户的社交信用货币进行裂变营销的一种方式。

大家都很熟悉的分销就是典型的社交信用裂变，比如云集、友市等都是通过点对点的社交信用裂变实现的。

另一种社交信用裂变就是利用 KOL、KOC 和用户之间的弱关系而进行的点对面的社交信用裂变，比如小红书种草、快手带货等。当企业通过这些 KOL 和 KOC 来拓展自己用户的时候，用 KOL 和 KOC 的社交信用货币作为担保。比如李 ** 曾经因为厂家给自己带货的商品不是最低价而拒绝为厂家带货，因为这些 KOL 和 KOC 在卖货的时候，需要让粉丝相信，他们卖的货就是全网店最低价。如果不是最低价，差额部分就用他们的社交信用货币来弥补，而对于以卖货为生的主播们来说，这是动摇其根本利益的。

18.7 第七种武器——直播裂变

直播裂变是指在直播过程中产生的老带新。直播不仅是内容的一种表达形式，更是和用户连接的最有效方式之一。由于直播具备很强的互动性，因此在直播过程中可以引导用户产生很好的裂变效果。

前面讲了如何做好直播，除了通过"分享福利"来引导用户进行裂变，还可以通过提高直播的内容质量来提升直播裂变的效果。当用户觉得直播的内容非常有价值或非常有趣时，他会很主动地对外分享。比如华秉盈销熵学院在2020年新冠肺炎疫情期间推出了"企业战疫：如何在危中寻机"系列课程，一共有10次直播课程。观看直播的人数从第一次直播的2000多人，增长到了30000多人。这些用户数量的增长都是因为观看直播的用户觉得直播的内容会帮助企业在疫情下应对危机，切实地解决他们在理念和方法上的燃眉之急。因此，这些用户都很积极地向周围有需要的朋友进行传播。

上面介绍了资源裂变的7种武器，但并不是做了上述一些裂变的营销策划就能看到效果了，我们要想把资源裂变做好，还需要做好3个核心关键点。

18.8 第一个关键点——福利设计

福利设计就是要给新用户一个吸引力，给老用户一个理由。

在进行福利设计的时候，我们要找到新用户加入和老用户分享的核心理由与目的。不同的企业可以根据自身情况设计不同的福利产品。例如，飞美地板的1200个装修案例、将太无二的优惠券、美食代言人活动及菜品券、珈禾医美的真实案例及茜茜公主特价的促销商品等，这些其实都是非常好的福利产品。

企业在做裂变的福利设计的时候通常需要设计两种方式，一种福利是给新用户的，另一种福利是给老用户的。

新用户福利，即新用户注册后所获得的福利。例如，德州倚品扒鸡在新用户注册之后会送一个50元的大礼包；茜茜公主在新用户注册之后会送一个22元钱的防霾口罩。给新用户的福利，通常金额不要过高，并且价值快速可见即可。一般建议是用户在1~3秒就能判断出这个福利的价值。也就是说，用引流型产品比较好，引流型产品可以和企业的主流产品无关，只要喜欢这个产品的人群是企业的目标人群即可。

此外设计福利的时候，对于不同的地区，福利也会有所不同。例如，上面列举的茜茜公主在北京、天津、河北、山西等地做活动的福利是防霾口罩，而在南方用同样的福利就会失去吸引力。

老用户福利，即老用户邀请新用户注册成功后所获得的福利。例如，德州倚品扒鸡在老用户邀请新用户注册成功后送一张扒鸡券；茜茜公主的老用户在邀请新用户注册成功后会获得一件价值 98 元的内衣。老用户对企业的价值相对认可，一般都有过 1 次以上的购买记录。他们对产品的价值以及品牌的认可程度相对较高，对于这些用户可以使用引流型产品，也可以使用一些价值型产品，但老用户的福利产品最好是和企业相关的主流产品。

对于新用户和老用户，设计的福利通常是不一样的。因为新用户和老用户处在企业产品的不同的生命周期里面，对企业的价值认同是不一样的，所以针对这些用户的运营要给的奖励是不一样的。但无论是新用户还是老用户，企业都要给予用户参加活动的福利和传播出去的理由。

18.9 第二个关键点——奖励政策

上一节中设计的福利是给用户的奖励，企业员工也需要奖励，以便于员工更加积极地推广。在资源裂变的活动中对员工的奖励非常重要。制定奖励政策时，要考虑到以下几个方面。

（1）每邀请一个用户参与都要有奖励，邀请会员注册或消费要给予奖励。

（2）每个门店内以及门店之间都应该互相竞赛、有奖励，例如，对于综合排名第一的门店有奖励。

（3）对于整体榜单应该有奖励，榜单靠前的给予奖励。

例如，公司对拉来新用户的员工奖励 5 元钱。门店内进行竞赛、门店之间进行竞赛，竞赛进入前十名的给予几百元的奖励。同时，推广表现优秀的门店、员工，通过企业直播系统在内部为别的员工进行直播培训。

让优秀员工为内容进行直播培训，不仅对其他员工有标杆作用，而且对优秀员工本人是一种有"成就感"的奖励。这就是前面提到的八角行为分析法中的"成就"这一激励因素。八角行为分析法中的 8 个激励因素不仅可以用于用户运营，还可以用于企业内部的员工管理。

18.10 第三个关键点——落地执行

我们常常讲细节决定成败，前面的福利设计方案、奖励政策策划得再好，若最后没有很好地落地执行，就等于竹篮打水一场空。落地执行是最重要的关键点之一。

落地执行阶段（即员工的推广阶段）也是资源裂变活动的最核心环节之一。落地执行分为 4 部分。

第18章 步骤六：裂变——资源裂变的 7 种武器、3 个关键点及六要素模型

（1）员工培训。培训的目的是提高重视程度，打消疑虑，让员工了解应该做些什么以及做这些工作的重要性。同时对于活动中做得的好员工，将其树立为标杆，让他们进行分享以带动其他员工。图 18-2 是某企业的一个门店在拉新（增加新用户）奖励活动中为员工做培训之后的活动效果和培训之前的活动效果的对比。从图中可以看到 2019 年 9 月 4 日有两个人打开了活动链接，到 9 月 5 日就达到 149 个人。由此可见，通过培训可以使员工提高重视程度，打消顾虑，从而达到一个很好的效果。笔者从这家公司的后台系统截图的时间是 2019 年 9 月 6 日中午，可以看到一上午的时间就增加了 46 个人。对员工进行培训和不培训的效果是完全不同的。

日期	打开人数	打开次数	分享按钮点击人数	次数	海报点击人数	次数	扫一扫点击人数	次数	一键复制点击人数	次数	微信分享点击人数	次数
总数	208	539	52	122	40	92	27	60	36	85	53	180
2019-09-06	46	116	14	23	7	15	9	16	8	26	8	36
2019-09-05	149	402	34	92	29	70	17	43	27	58	42	139
2019-09-04	2	3	0	0	0	0	0	0	0	0	2	3
2019-09-03												

图 18-2 某公司拉新奖励活动中培训前后的效果对比

（2）活动执行。在活动执行方面，首先要确定推广方式，采用什么样的方式进行推广。不同的活动使用的推广方式不同，具体可以参考前面讲的 7 种武器。其次要针对企业内参与活动的各个部门制作详细的执行流程，明确每一位员工的定位和所需要做的具体事情，使其各司其职。

（3）活动监督。通过数字化工具，监督流程，监控效果。如果没有数字化工具，仅靠人来监控流程和效果，很难实现。笔者指导过某美容企业，在之前做活动时，他们需要派出一个团队到具体的门店，指导整个活动，耗时十几天。后来通过使用数字化工具构建私域流量并进行运营，对每一个门店、每一个工作人员、每一个用户都能通过数据进行实时跟踪，发现问题随时修改，一个人能够指挥很多门店，效率提高了很多。

（4）活动复盘。数字化活动运营的复盘和传统活动的复盘有一个特别大的区别，数字化运营可以实时看到效果，而不用等几天再复盘。这就避免了人力、物力和时间上的浪费，若没有效果，就迅速地进行调整，而不像以往要等几天才能看出来。笔者指导过的某医美机构通过数据迅速发现了在活动各环节中转化率偏低的问题，并快速进行了调整。例如，发现打开率偏低，然后根据时间找到了企业用户打开率最高的两个时间段，之后在这两个时间段集中进行送达，打开率提高了 45%。同时，还发现落地页的转化率明显偏低，迅速调整了 3 个落地页的文案，对这 3 个文案进

行了小样本快速测试后，选定了一个最佳文案，使活动第二天落地页的转化率就提高了22%。

18.11 快速裂变的六要素

前面几节讲了资源裂变的7种武器、3个关键点，其实它还有六大要素，即3SPPT模型。

（1）价值独特（special）。例如，小米手机的价值是性价比高，华为手机的价值是质量好、有商务范，OPPO和vivo手机的价值是拍照效果好。所以要有一个独一无二的价值以值得用户帮我们传播。

（2）传播简单（simple）。例如，通过发送海报或链接给用户，用户就可以很方便地了解品牌或购买，而复杂耗时的传播方式和过程是不可取的。

（3）扩散性（spread）好。例如，手机的音乐属性，就没有拍照这个属性的扩散性好。

（4）参与度（participation）高。例如，喜茶是通过口碑驱动营销的典型例子，它在深圳推出了一个活动——"你与深圳的故事"。每一个在深圳的人都有些想说的故事，大家很愿意参与，所以参与度很高。笔者在做《数字化大咖说》的时候，很多校友都愿意参与，因为校友们从哈尔滨工业大学毕业后对母校的认同感和归属感都很高。

（5）借助外部传播渠道（place）。这个place和4P模型中的place是同样的含义。构建私域流量并不是闭门造车，我们还要借助外部资源，如KOL等。

（6）借助已有的传播工具（tool）。我们要借用已有的传播工具来做，尽量不要重新发明轮子。

注意，"重新发明轮子"源自于英语"Reinventing the wheel"，是"费力不讨好"的幽默说法。

以上就是我们说的3SPPT模型。大家做资源裂变的时候，需要认真思考组成3SPPT模型的这六大要素。

18.12 数字化运营是一个有机的整体

18.12.1 数字化运营的六大步骤缺一不可

上面讲了用户数字化运营的六大步骤。这六大步骤是一个有机的整体，不可分割,并不是单一做好某个环节就可以了。

目前很多企业在做用户数字化运营的时候,用得最多的是资源裂变,但我们要考虑资源裂变的先决条件。

(1)要有一定的用户规模,没有一定的用户规模是很难形成裂变效应的。有100个用户参与资源裂变和有100万个用户参与资源裂变,所形成的"势能"比并不是1:10000,而是更多。

(2)用户需要有活跃度和忠诚度。若缺乏活跃度和忠诚度,用户在资源裂变活动中的参与度就会很低,裂变活动就很难开展起来。

对于还没有掌握用户数字化运营的企业,只看到了那些用户数字化运营做得好的企业做的各种裂变活动,就去盲目模仿,这就仅执行了用户增长运营的第六步。

对于用户增长运营处在初级阶段的企业,要先扩大用户规模和提高用户黏性,再设计用户的价值运营体系,同时做用户的裂变运营。

对于相对成熟一些的企业,做用户增长运营,要先从资源的聚集开始,从资源聚集到资源激活,再到商业转化,再到用户规模和黏性,最后再进行资源裂变。这类企业的用户运营效果相对会好很多。

挖掘资源这一步非常重要,但它是很容易被企业忽略掉的一个步骤。在用户增长运营体系搭建之前,先弄清企业有哪些资源,需要哪些资源,哪些是显而易见的资源,哪些是隐而不见的资源。清楚了这些之后,再进行用户增长运营体系的设计会更加有效和顺畅。

按照这六大步骤,我们能够建立一个初步的数字化运营体系,但我们在做用户的数字化运营的过程中,一定要注意用户运营的整体协调性。前后步骤的呼应和一致很重要,不能有矛盾和冲突的地方,也不能片面强调某一步骤而忽视了其他步骤。

18.12.2 资源数字化是企业数字化生态的核心

本章以最具代表性的用户资源的数字化运营为例,讲述了企业资源数字化运营体系的六大步骤。虽然以用户资源数字化为例,但通过这六大步骤不仅可以做好用户的数字化增长运营,还可以做好其他资源的数字化运营。

企业的数字化转型和以往的信息化最大的一个区别就是,信息化是完全针对内部资源的,即只管企业自身的信息资源,而数字化转型是针对企业内、外部资源的,需要建设一个数字化生态。而在生态的建设中,需要清晰地衡量资源的数量和资源的价值,需要让资源产生更大的价值,才能为企业在商业竞争中带来更多的优势。

第五篇

乘风破浪——构建企业数字化生态

私域流量其实是企业数字生态的一部分,尤其对于零售型企业来说,私域流量是建立企业数字化生态的入口。有了私域流量、用户和数据之后,企业怎样进一步构建整体数字化生态,实现企业的数字化转型升级,实现更高的利润呢?本篇讲的构建企业数字化生态就可以解决这个问题。

第19章

构建企业数字化生态的正确路径

第19章 构建企业数字化生态的正确路径

我们先通过案例分析一下,什么是构建数字化生态的正确路径。

19.1 传统百货的互联网之殇

电子商务对传统百货有些冲击,传统百货公司在客流越来越稀少的情况下,开始向以服务业态为主的购物中心进行转型。包括综合百货的头部企业天虹,自2015年开始逐步扩大生活服务业态的占比,在2019年,天虹就新增了11家购物中心[①]。

百货商场转型购物中心是自救之举,因为线下零售越来越被线上零售所取代,所以线下商业实体需要扩大那些通过线上无法为用户提供服务的业态(如增加餐饮、亲子活动等)。但最近几年,购物中心的竞争是非常激烈的,而且服务在线化势不可当,虽然很多交付环节是在线下执行的,但用户在购物中心停留的时间可能会因为服务的在线化而缩短。

传统百货行业曾经拥有线下最大的客流,是什么原因使它们的竞争力在逐年降低呢?下面通过一个案例剖析一下。

某个实体百货企业的管理者的商业思维敏捷并且对趋势的发展很敏感。2010年,这位管理者就敏锐地觉察到了实体商业一定要和互联网相关联。在之后的10年时间里,这家企业陆陆续续投入了几十亿元资金去实现这个战略,但结果都没有达到其预期,原因出在哪里呢?

这家实体百货企业拥有的商业资源非常多——百货商场数量最多的时候有数百家,整个商业体系每年有近20亿人次客流量。

笔者作为数字化转型顾问于2011年接触到这家企业,那个时候这家企业的管理者已经在思考如何才能做好线上业务了。但那时他还没有意识到应该做数字化转型,而是错误地认为做电商就可以达到战略目的。他对笔者提出的"应首先对用户资源进行数字化"的方案并不认同,认为将用户资源数字化并不重要,而且不容易实现。

这家企业虽然意识到了实体商业要借助互联网技术进行升级,但它并没有意识到是要做实体商业的数字化转型,而是把事情简单化了,即把实体商业发展成电商。即使按照电商的思路去做,后来也没成功。之后的几年,这家企业又尝试做内部信息化的工作,并且对外输出这一部分能力。它在企业内部信息化方面虽然做得很好,但浪费了企业的优势资源。10年的时间里一直没有找准数字化转型的方向,以至于错过了数字化转型的好时机。产生的后果是这家企业的百货商场越来越不赚钱,截至2019年,其百货商场的数量和最高的时候相比,只有原来的三分之一了。

---

① 数据来源:天虹股份(002419)2019年财报。

纵观国内整个百货行业，绝大多数企业犯了类似的战略错误，没有把百货行业中最有价值的客流资源和商家资源进行数字化。

19.2 如果百货行业在2010年就完成了数字化转型

从数字化转型的角度来看，百货行业有非常好的商业资源。我们还以前面提到的百货企业为例。

粗略估算，这家百货企业每年有近20亿人次客流量。而淘宝在2010年的时候注册用户数是3.7亿，不如这家企业的线下用户数量多。这家百货企业拥有非常好的客户资源、巨大的流量优势。

这家百货企业的商家数量高达数十万家，入驻了销售数万个优质品牌的商户，而且都是非常好的品牌。2012年天猫才成立，才开始引入优质品牌商户。相比较而言，这家企业拥有更好的商家资源、巨大的资源优势。

如果这家百货企业能把近20亿人次的客流量沉淀到它的数字化平台上，构建出自己的用户池，把几十万个商家纳入它的数字化平台上，相信它的用户池会非常大。如果这家百货企业能进一步实现线上、线下双线联动（都不用达到线上线下一体化的程度），它很可能会成为一家像天猫一样优秀的数字化企业，甚至有可能在商业竞争中比天猫更有战略优势。但是很可惜这家百货企业没有把用户资源数字化，没有把商家资源数字化，没有建成自己的数字化生态平台。

战略错误之后，企业是很难成功的，下面我们再看看阿里巴巴是如何做的。

19.3 阿里巴巴的数字商业演绎之路

马云最开始做的互联网产品是中国黄页，从中国黄页到蚂蚁金服和阿里云，这是非常大的跨越，看起来它们是没什么关联的。但是只要把这几个环节连上，我们就会发现一切都是顺理成章的。图19-1展示了阿里巴巴的进化之路。

第一个环节是中国黄页。中国黄页上面展示了很多企业的信息。一方面，企业为什么入驻中国黄页呢？因为它们有展示自己的需求，需要把企业信息展示出来，让别人知道企业是做什么的。另一方面，企业为什么去中国黄页看别的企业信息呢？因为它们有采购需求，看哪些企业能提供它们需要的东西，以便进行采购。

也就是说，上中国黄页的企业是有买卖交易需求的。但是中国黄页只满足了企业"展示信息和获取信息"的需求，对于更深层的"交易需求"并没有很好地满足。

第19章 构建企业数字化生态的正确路径

为了解决这个问题,产生了1688(阿里巴巴的B2B平台,名字也叫阿里巴巴,为了避免和今天的阿里巴巴集团混淆,笔者用1688来指代。1688是阿里巴巴的B2B平台在中国香港上市时的股票代码,后来退市了)。

图 19-1　阿里巴巴的进化之路

第二个环节是1688。马云创建了1688来解决上面的"交易需求"。1688很好地满足了中国黄页上这些企业的"交易需求",而且中国黄页给1688准备好了大量的企业资源。

1688上的小微企业除了和企业做交易,还有零售的需求,它们生产的面向消费者的产品最终还是要卖给消费者的。而1688上的用户都是企业,这不能满足它们销售终端消费品的需求,为此产生了淘宝和支付宝。

第三个环节是淘宝和支付宝。基于1688上企业的需求,顺理成章地出现了另一个产品淘宝,这是一个C2C的平台。1688给淘宝准备了商户资源,淘宝为1688上的商户解决了卖给消费者产品的问题。

淘宝上的买家在网上购买商品后会担心"付了钱却收不到货",淘宝上的卖家担心"给了货却收不到钱"。为了解决这种买卖双方缺乏信任的问题,就产生了担保交易的产品——支付宝。其实支付宝就是蚂蚁金服的前身。

那淘宝又存在什么痛点呢?淘宝上面的商品价格普遍比较低。此外,马云想通过淘宝赚钱也很难,因为淘宝上大部分卖家是小微商家,付费能力比较低,存活周期也相对较短,做商业转化比较难。

第四个环节是天猫。有些大企业为了树立自己的品牌,不愿意与淘宝上的小商家混在一起,就产生了这些大企业很难入驻淘宝的问题。为了解决这个问题,阿里巴巴建立了一个天猫平台,在天猫上专门邀请大品牌企业来开旗舰店。任何品牌企业对客户的需求都是很大的,在2012年底,阿里巴巴已经有了8亿的注册用户,其中用手机购物的用户有3亿。这么庞大的用户群对于大企业有着极大的诱惑力。

淘宝给天猫准备了消费者资源，而天猫解决了淘宝上大量的消费者购买更好品牌、更好质量商品的需求。因为入驻平台的商户多，交易十分活跃，所以很好地解决了阿里巴巴的盈利问题。

第五个环节是蚂蚁金服、阿里云。

淘宝和天猫平台上的商家与消费者进行交易之后，都会有一些零钱存在支付宝里面，于是2013年诞生了余额宝。为了给广大的商家和消费者提供更多的金融服务，2014年诞生了蚂蚁金服。

淘宝、天猫上孵化了很多企业，截至2019年年底，淘宝和天猫平台孵化了30多家上市公司。这些企业做大之后有很强的云计算需求，阿里云自然而然获得了蓬勃的发展。阿里云最开始对外提供大规模云计算服务是从2011年开始的，但阿里云是在2013之后获得飞速发展的，并且在2015年出现了一个明显向上的拐点。如今头部品牌的服装、服饰企业中有80%都和阿里云建立了合作，这不能不说是天猫的功劳。

从中国黄页到1688、淘宝、天猫、蚂蚁金服，再到阿里云，每一个环节都为上一个环节准备了很好的资源，而下一个环节又为上一个环节很好地解决了深度的需求问题。

企业在建数字化平台的时候，每一步都在积累资源，每一步都在建立优势。一步一步往下走，企业就会越来越强大。

实体企业在做数字化转型升级的时候，一定要从自身出发，充分利用好自身的资源优势。然而，很多实体企业在做数字化转型的时候盲目进入了一些新的行业，这使自身的优势并不能充分地发挥出来，因此很难成功。前两年，某个做连锁超市的老板把数字化转型理解成了做线上业务。然后，他推出了一个洗车的App，并向社区居民推销上门洗车服务。这种行为明显背离了自己公司的主业。作为连锁超市，做数字化转型的时候很显然应先"收割"用户流量，后做线上商城和配送，再做本地化的生态服务，而不是一上来就开始做上门洗车服务。

19.4 实体百货为什么没有孵化出移动支付和云平台

下面一起思考一个问题：前面提到的传统百货企业为什么孵化不出移动支付和云平台？

这家企业有那么多的商家资源，有那么大的客流量，为什么还孵化不出移动支付和云平台？原因是它没有建立自己的数字化资源平台，没有意识到用户和商家数字化之后会是非常宝贵的财富。它只是一个传统的商业地产的角色——商家没在它的资源平台上,商家只是租了它的地产;用户也不在它的资源平台上,用户只是在它的购物中心、百货商场里面消费,有可能消费后就不来了,黏性不是很高。

阿里巴巴从诞生起就是一家数字化企业,拥有自己的数字化平台——商家在阿里巴巴平台上,用户也在阿里巴巴平台上。商家是阿里巴巴私域流量中的商家资源,用户是阿里巴巴私域流量中的用户资源。更多的用户因为商家提供了丰富且价格实惠的商品而来,更多的商家因为海量的用户而来。资源越积累越多,企业越做越大,最后做成了今天的阿里巴巴。

如果这家百货企业用数字化思维做这件事情,把商家和用户都聚集起来,建成自己的私域流量,那么它今天也会拥有一个庞大的公域流量,并对外开放公域流量,赚更多的钱,而不仅是赚商业地产那一份钱。

第20章

企业数字化生态建设的4个方面

第20章 企业数字化生态建设的 4 个方面

查理·芒格曾经说过:"宏观是我们必须接受的,微观才是我们可以有所作为的地方。"

数字化时代已经来临,所有企业都不可避免地会进入数字化转型升级的浪潮中,区别只是主动进入和被动进入。企业做不做数字化转型升级已经无须考虑,我们需要关注的是如何把它做好。

对于企业来说,构建企业的数字化生态、实现企业的转型升级,不是单纯地涉及软件、硬件系统,而是涉及四大方面——战略、平台、运营、组织。而软硬件系统只是构建平台的技术手段。

20.1 战略转型与顶层设计

笔者相信能够看到本书最后一篇的读者都认为构建企业的数字化生态、实现企业的数字化转型升级是一件非常重要的事情。笔者也知道很多企业已经把数字化转型升级作为最近几年最重要的战略。那么,我们在战略上是不是已经没什么问题了呢?

知道数字化转型升级很重要,要去做,只是从意识层面知道了数字化转型升级是必须要做的事情。但是究竟该怎么做?它的出发点是什么?路径是什么?转型过程中会面临哪些问题?绝大多数人对这些问题还缺乏一个正确的认知。根据埃森哲的数据统计,世界 500 强企业中数字化转型升级的成功比例是 20%,而在中国投入数字化转型升级的企业中,能够看到效果的只有 7%,也就是说,93% 的企业做了却基本没效果。为什么呢?根本原因就是在数字化转型升级的战略设计上出了问题。

数字化转型升级的战略设计主要就是顶层设计和战略路径设计。如果顶层设计错了,那从一开始就错了,最后什么都做不成。对于很多企业家来说,目前在构建数字化生态、实现数字化转型升级方面通常存在以下两个问题。

(1)不了解数字化转型升级的战略路径,找不到正确的入手点,白白浪费钱。

(2)盲目自信,觉得自己做的就是最正确的,一上来就贪大求全。

笔者认识的一位优秀的企业家很有远见卓识,2012 ~ 2018 年,他进行了四五个方向的尝试,花了 4000 多万元,但数字化转型都不成功。原因就是不了解数字化转型升级的战略路径,没有找到一个正确的入手点。另外,由于过去几十年的商业成功,他非常自信,觉得自己的模式非常棒。每次转型中,他一上来就将重金投入软件研发、组建团队中,大张旗鼓干上一两年,然后发现此路不通,白白浪费了时机和金钱。

笔者认识的另外一个企业家——茜茜公主的蔡总就非常具有战略眼光,他认识到数字化转型升级的重要性之后,没有盲动,而是先请教了互联网行业的一些资深专家,然后结合自身优势,从服务好现有客户出发,从建立私域流量开始做。虽然动作慢一些，但经过几年的不懈努力，他的公司营收出现了大幅度的增长。

国内较大的民品典当行——宝瑞通典当行的高总也非常明确地指出，宝瑞通的数字化要从服务好已有的用户开始。这些都是很正确的切入点。

那么如何正确实施企业的数字化转型战略呢？下面从几个方面进行阐述。

20.2 软件系统及生态平台建设

实体企业构建数字化生态、实现数字化转型，需要一个运行良好的数字化平台。"工欲善其事，必先利其器"，数字化软件系统是构建数字化生态型企业的技术基础。很多传统企业在面临数字化转型升级时，常常搞不清楚以下问题。

（1）需要哪些软件？
（2）什么样的形式是适合自己的（买哪些供应商的商品）？
（3）企业的软件架构是什么样子的？
（4）企业内如何处理数字化软件和信息化软件间的关系？

这些问题解决不好，就很难构建出一个成功的数字化平台。

20.2.1 如何拥有适合的软件系统

首先要从企业自身的情况及用户的情况出发。

1. 软件来源

软件的来源通常有以下 4 种形式。

1）自行研发

企业自己培养开发团队也会遇到一些常见问题。

一是团队从哪里来，如何组件团队。如果团队组建失败，后面就很难成功。

二是缺乏更广泛的行业经验。开发出来的软件往往只适用于一时一地，随着企业的发展，它很快就不适用了，需要不停地推倒重来。

三是很多传统企业在组建研发团队的时候，对技术人员一般都很重视，但对产品和运营人员的重视程度普遍不够。这就会导致研发出来的软件产品规划不合理，出现脱离企业实际运营场景等问题。

由于以上问题的存在，导致现在很多颇具实力的实体企业虽然都培养了自己的研发团队，但成功的比较少。因此，笔者建议招聘一些以前供职于大型互联网企业的相关技术、产品和运营人才，他们既懂技术，又有互联网思维，进入实体企业以后，经过一段时间的磨合，开发出的产品还是比较成功的。

2）外包开发

这是很多中小型企业经常采取的一种方式，成功概率普遍偏低。一个非常核心的原因是，企业自身缺乏产品经理，而外包公司通常只按照企业的要求进行设计，缺乏合理的产品规划。

在决定找外包公司开发之前，建议先看看市场上是否已有类似的产品。比如笔者曾经接触过一家商业地产企业，它投入 600 多万元研发了一个产品，该产品类似于北京华秉科技有限公司研发的盈圈。该产品不但研发成本高，而且成熟度低，可用性差。

3）合作开发

有些企业会找专门做软件开发的互联网软件公司，帮助研发贴合企业自身需求的软件。这种方式的成功率相对高很多，但成本通常会比找普通的外包公司要高一些。

在进行这类合作时，需要企业自身有合格的项目经理和测试经理，做好研发的过程管控和质量管控。

4）购买标准产品

比较推荐中小微型企业采用此方式。一是标准软件产品已经由很多家企业验证过了，遇到的问题已经被其他企业解决了，二是研发标准软件的企业会根据行业的需求不断地迭代升级。

2. 系统建设需要的软件

在数字化转型过程中，有些零售及服务行业的老板会觉得，已经使用了 ERP、CRM、POS 等软件，为什么看不到数字化转型的效果呢？前面讲过，ERP、CRM、POS 等管理内部流程和内部数据的软件解决的是管理效率的问题，比如，以往大量使用 CRM 软件的人是市场人员，而不是用户。而在数字化转型过程中，对于零售及服务行业来说，最应该用数字化方式管理的资源是用户，因此还需要运营用户的数字化软件。

笔者还遇到过这种情况，有的企业老板问："有了微信商城算不算进行了数字化？"有了微信商城，只能算做了微信内的电商，还不能说是做了数字化。零售及服务型企业的数字化转型通常需要做好 3 个方面的工作，分别是销售数字化、服务数字化和流程数字化。

3. 选择形式

企业老板经常问一个问题："企业数字化转型是要做 App、公众号，还是小程序？"对于绝大多数零售及服务型企业来说，目前比较推荐的是"公众号 + 小程序"的模式，或者"小程序 + 公众号 + 企业微信"的模式。其中一个选择原则就是确定用户在哪里，用户如何更方便地和企业建立联系，以及让用户聚集到企业的数字化平台的难易程度。

App 具有灵活、用户黏性高等优点，但用户的下载成本高，而且维持留存用户和活跃用户的成本比较高，对于多数零售及服务型企业，它不是很适合。

App 对于绝大多数实体企业不是一个很适合的选择，如盒马鲜生需要用户下载 App 才能购买，因为盒马鲜生的用户具备一定的购买频率。如果企业的数字化平台符合高频使用的特征，并且具有一定的用户数量，是可以考虑使用 App 的。

前面提过的拼多多也使用了 App，但它的大部分用户在微信上参与购买。原因就是用户对微信的高频使用，会让用户觉得在微信内满足购买需求很方便。

随着企业微信开放的功能越来越多，企业微信成为私域流量运营的一个非常好的载体。

20.2.2 数字化软件建设的边界

在数字化转型过程中，企业一定要立足于自身业务及优势，不要盲目地追求跨界，或者在条件不具备的情况下以为凭借一套软件系统就可以进入其他行业。这些往往都会得不偿失。一些实体企业和一些互联网软件公司合作开发数字化平台之后，就觉得不对外输出数字化平台是一种损失，然后盲目地对外开展数字化建设服务，这通常会面临比较多的困难。

这在业内是有深刻教训的，最早提出"工业互联网"的 GE 公司自身的数字化转型升级非常成功，之后成立数字集团为全行业提供数字化能力，结果没有成功。数字化转型升级过程中，每一个行业甚至每一家企业的特点和成功路径都可能各有不同。按照企业自身需求量身打造的数字化系统并不一定能适应行业内的其他企业。在数字化能力输出方面比较成功的西门子，它借助了 SAP 和西门子自身收购的多家软件厂商在软件研发和销售方面的能力，同时还获得了德国政府的支持。所以，并不能把西门子在数字化能力输出方面的成功，当作每一家企业都可以尝试的战略路径。

20.3 运营体系建设

前面讲过，信息化是帮助企业管理流程和提高效率的，数字化是帮助企业管理内外部资源和提高盈利效率的。而资源是需要运营才能扩大其自身价值的，例如，C 端用户的运营、产品的运营、专家的运营、供应链的运营等。要想做好这些，不是单纯地有软件系统就能解决的。企业不仅要有擅长这些环节的数字化运营人才，还要能够构建出各个环节的数字化运营体系，这样才能把企业的内外部资源连成一个整体，获取更大的利润。

以最常见的 C 端用户运营来说，不是单纯地搞营销活动，而是要按照第四篇所描述的那样构建一个完整的用户数字化运营体系。前文反复强调过，在企业构建数字化生态、实现数字化转型升级的过程中，用户是核心，而用户是需要运营的。在数字化转型过程中，用户运营是非常重要的一块。

在用户运营方式上，各个企业有不同的方式。例如，有的企业设置专门的客户中心来做用户运营，设定会员等级、积分规则；有的企业用打折促销、线下沙龙等来做用户运营；还有的企业组织跑步、组织公益活动等来做用户运营；还有的企业用一对一的服务来做用户运营……这些都是有效的运营手段。但存在两个问题。一是这些完全靠人来做，二是没有系统的运营方法。

用户运营可以分成两个层面，一个是集中式运营，另一个是策略式运营。

集中式运营就是靠人一个个地维护客户，一个一个地联系客户，例如，给客户举办的一些关于健康养生的沙龙、文化交流的沙龙，以及给一些女性客户策划的走红毯活动等都称为集中式运营。

很多互联网企业都在做策略式运营。例如，第一篇里面提到的今日头条，它根据每一个用户的个性化标签进行精准的信息推送，这样才能让每个人在打开今日头条 App 时看到的新闻界面是不一样的，并且能够针对每一个用户进行调整和优化，这就叫作策略式运营。策略式运营是基于算法驱动和数据驱动的一种运营方式。互联网企业之所以普遍采用策略式运营，是因为其用户庞大，集中式运营能够得到的用户太少，也就是我们常说的覆盖率太低。同时，互联网企业天然拥有用户这个优势，让互联网公司具备了采用策略式运营的条件。而实体企业要想和互联网企业一样具备采用策略式运营的条件，就需要积累用户和数据资产。

数字化时代的运营是靠数据来驱动的，是以用户为核心、标准化、自动化、系统化、智能化的运营。需要像第四篇所讲的那样，构建出完整的用户运营体系。

20.4 组织能力建设

按照组织学的观点来讲，一件事情成功或者不成功与组织的关系很大，即企业的组织结构和组织能力。在数字化转型升级这一块，第一要务就是梳理企业的战略，把战略定好，即想做什么，行动路径是什么。第二要务就是企业要有一个组织形态以便使企业的战略匹配组织形态。同时，这个组织的能力要与它的战略实施要求的能力相匹配。

这个组织里既要有熟悉传统行业的人，又要有熟悉数字化运营的人。组织能力建设涉及的方面很多，我们下面仅对数字化时代与传统组织能力建设有明显区别的组织结构和组织激励进行阐述。

20.4.1 组织结构

企业进行数字化转型升级的过程中，组织结构也是要跟着改变的。因为数字化企业的组织结构和实体企业是有所区别的，对组织能力的要求也有很大区别。

前面讲述的运营体系建设需要企业有对应的组织能力，需要把体系建设起来，需要员工用好这套体系。

与以往的信息化系统只需要 IT 维护人员完全不同，它需要由人来运营用户和企业的内外部资源，尤其是企业的 C 端用户。而很多实体企业缺乏 C 端用户的运营经验，更不用说数字化运营经验了。

大家可以思考以下几个问题。
- IT 部门的人能对消费者进行数字化运营吗？
- 会员服务部门的人能对消费者进行数字化运营吗？
- 市场部门的人能对消费者进行数字化运营吗？
- 门店的店长和导购能对消费者进行数字化运营吗？

那么数字化企业的组织结构应该是什么样的呢？可以把天然就是数字化企业的互联网企业和传统的实体企业进行一个简单的对比。
- 互联网企业的三驾马车是产品、技术、运营。实体企业的三驾马车是产品、市场、销售（渠道）。
- 互联网企业不是没有市场和销售，而是这些没有"产品、技术、运营"这 3 块重要。实体企业也不是没有运营，而是这些没有"产品、市场、销售（渠道）"这 3 块重要。

而要想做好数字化转型升级，实体企业至少需要一个"用户运营中心"，注意不是"客服中心"也不是"会员中心"。

在数字化转型过程中，战略是第一重要的，组织是第二重要的。组织结构是很多企业家关心的问题。对于实体企业来说，并不是采用领先那些数字化企业的组织结构就是好的，而是要选择适合自己企业的组织结构。

20.4.2 组织激励

根据"杨三角模型"，组织能力取决于员工能力、员工思维和员工管理。以往做组织能力建设的时候，都通过"做培训、做管理、定机制"来解决这 3 个问题。以往的激励往往都是通过业绩提成、奖金甚至股权等方式实现的，但这种偏物质型的激励的效果已经越来越不明显了。

笔者之前投资过一家做二手商品的企业，除了线上商城，它还有一些线下的实体门店。有几个门店的销售额一直特别差,总部派人过去查岗的时候,一个门店一天的销售额能有五六千元。总部不派人过去查岗的时候,一个门店通常一天只卖四五百元。大家都非常疑惑,怎么可能有 10 倍的差距?即便导购的积极性和销售技能差一些,有一两倍的销售额差距也就差不多了。后来采用"神秘顾客"暗访的方式发现了问题——在这个门店中,当总部人不在的时候,导购会把门店的灯关掉,然后躲在收款台后面玩游戏。门店的灯关了,自然上门的顾客就少了。

看到这里,可能有人会觉得之所以产生这个问题,是工资结构的原因,绩效工资给的比较少,导致销售人员的积极性不高。事实上,导购的基本工资是 2500 元 / 月,而销售提成高达 30%。在这些门店里如果导购好好做销售,一个月赚几万元问题不大。公司的管理者对此都很不理解。后来通过仔细调研才发现,那几个门店的导购都是 95 后的年轻人,对赚多赚少并不敏感。相反,他们觉得整天打游戏,且玩且卖货,一个月还有几千元的收入很好。对于他们来说,打游戏是"主业",卖货才是顺带做的事。这种现象给很多管理者提了醒,大家在组织建设上,要好好分析一下人群的因素。

从"80 后"人群到"95 后"人群,在对待工作的态度上究竟发生了哪些变化呢?下面是"80 后"人群(以下简称"80 后")选择工作的影响因素的权重和"95 后"人群(以下简称"95 后")选择工作的影响因素的权重对比(见图 20-1、图 20-2[①])。

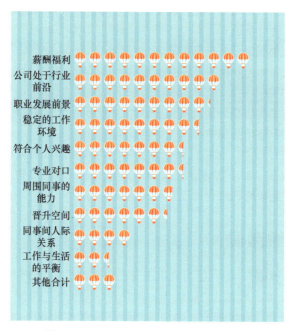

图 20-1 "80 后"选择工作的影响因素的权重

---

① 数据来源:华秉盈销熵学院。

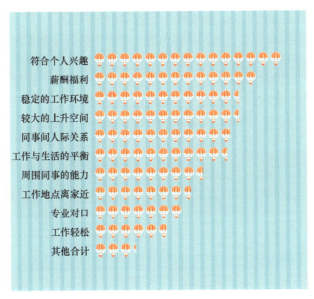

图 20-2 "95 后"选择工作的影响因素的权重

根据赫茨伯格双因素理论（见图 20-3），对比"95 后"和"80 后"选择工作的影响因素会发现，"95 后"在选择工作的影响因素中，激励因素对于"80 后"会更重要一些，而保健因素对于"80 后"更不重要。"95 后"的管理要素从保健因素向激励因素迁移的迹象很明显，"00 后"对"成就""赞赏"等激励因素的敏感度更高一些。

以往的成功激励往往是用钱来衡量的，但未来会有更多的年轻人应用游戏的标准来衡量。未来会有更多的年轻人像是一个

图 20-3 赫茨伯格双因素理论

探索者，而不是一个登山者，登山者是为了登顶，探索者是想到哪里就走到哪里，更在乎探索过程中的乐趣。第四篇讲到的八角行为分析法也很适合用于研究"95 后"员工的激励方式。于是我们就清楚了，在组织能力建设中如何去激励"95 后"员工。

用户已经完成了全面的数字化，但绝大多数企业还没有开始数字化。国家层面的预测是到 2025 年完成制造行业的数字化，在 2035 年完成全社会、全行业的数字化转型。我们再借用管理学大师彼得·德鲁克的一句名言"动荡时代最大的危险不是动荡本身，而是仍然用过去的逻辑做事"。企业的数字化转型已毋庸置疑，不存在

做不做的问题,而是如何去做,如何解决面临的困难的问题。

企业数字化转型过程中会遇到很多问题,表面上来看是技术问题,是执行的问题,但从根源上来讲,更多的是组织问题。实体企业要想完成数字化转型升级,首先必须转变旧有的管理模式和组织架构,需要以一套全新的、科学的理论体系为指导,以数字化组织来驱动管理的提升。数字化转型不能局限于局部规划,需要有全局规划和顶层设计思想。因此,企业顶层设计和组织能力建设是企业数字化转型的首要条件。

参考文献

[1] 王乃静. 价值工程概论 [M]. 北京：经济科学出版社，2006.

[2] 杨国安. 组织能力的杨三角 [M]. 北京：机械工业出版社，2015.

[3] PERREAULT J W，CANNON P，JEROMEMCCARTHY E. Basic Marketing[M]. New York：McGraw-Hill，2000.

[4] KOTLER P. 何佳讯，于洪彦，牛永革，等译. 营销管理 [M]. 北京：中国人民大学出版社，2002.

[5] SCHULTZ D E，TANNENBAUM S I，LAUTERBORN R F. 吴磊，等译. 新整合营销 [M]. 北京：中国水利水电出版社，2004.

[6] ETTENBERG E. 文武，穆蕊，蒋洁，等译. 4R 营销：颠覆 4P 的营销新论 [M]. 北京：企业管理出版社，2006.

[7] 徐志斌. 小群效应 [M]. 北京：中信出版社，2018.

[8] 富田和成. 王延庆，等译. 高效 PDCA 工作术 [M]. 长沙：湖南文艺出版社，2018.

[9] EYAL N，HOOVER R. 钟莉婷，杨晓红，等译. 上瘾：让用户养成使用习惯的四大产品逻辑 [M]. 北京：中信出版社，2017.

[10] GLADWEL M. 钱清，覃爱冬，译. 引爆点 [M]. 北京：中信出版社，2014.

[11] MACLEOD A，YOSKOVITZ B. 韩知白，王鹤达，等译. 精益数据分析 [M]. 北京：人民邮电出版社，2015.

[12] SIMONSON I，ROSEN E，钱峰，等译. 绝对价值 [M]. 北京：中国友谊出版公司，2014.

[13] CARIZON J. 韩卉，虞文军，译. 关键时刻 MOT[M]. 北京：中国人民大学出版社，2016.

[14] KAHNEMAN D. 胡晓姣，李爱民，何梦莹，等译. 思考，快与慢 [M]. 北京：中信出版社，2012.

[15] CHOU Y. 杨国庆，译. 游戏化实战 [M]. 武汉：华中科技大学出版社，2017.

[16] RIES E. 吴彤译. 精益创业 [M]. 北京：中信出版社，2012.

[17] ELLIS S，BROWN M. 张溪梦，等译. 增长黑客：如何低成本实现爆发式成长 [M]. 北京：中信出版社，2018.

[18] HERZBERG F. 张湛，等译. 赫茨伯格的双因素理论 [M]. 北京：中国人民大学出版社，2016.